CHRISTOPH SPÖCKER

QUEEN ELIZABETH II.

Das Besondere sind nicht nur ihre Worte. Als Königin von England ist sie einerseits die wohl bekannteste Frau der Welt, andererseits aber weit entfernt vom Status einer reinen Berühmtheit. Sie ist weder Star noch Celebrity, sondern verkörpert vielmehr so zeitlose Werte wie Höflichkeit, Tradition und Disziplin. Auch wenn sie nur formal das englische Staatsoberhaupt ist, spielt sie als Aushängeschild Großbritanniens eine nicht zu unterschätzende Rolle. Wo immer sie erscheint, wird sofort der rote Teppich ausgerollt und alles getan, damit sich Ihre königliche Majestät wohlfühlt.

Queen Elizabeth II. ist eine Ikone, deren Ruf ihr weit über die Landesgrenzen vorauseilt. Kein Wunder, dass sie auf der ganzen Welt Bewunderer findet, ist sie doch weitaus mehr als nur die Königin von England. In erster Linie ist sie nämlich eine Frau. Und nicht nur irgendeine Frau, sondern wohl eine der stärksten und einflussreichsten Frauen unseres Planeten. Sie ist aber auch eine Frau mit Herz, Verstand und vor allem mit Humor. Sie hat scheinbar unendlich viele Interessen. Die reichen vom idyllischen britischen Landleben inmitten einer Vielzahl von Tieren über die Seefahrt, Musik,

Vorwort

»Man muss mich gesehen haben, um es zu glauben.«

Queen Elizabeth II.

Die Queen ist in der Tat ein Hingucker. Dabei ist sie gerade einmal 1,63 Meter groß. Doch das schmälert die Wirkung Ihrer königlichen Majestät nicht im Geringsten. Und was ihr an Körpergröße fehlen mag, wiegt sie durch ihr einmaliges Wesen und ihr stets perfektes Auftreten locker wieder auf.

Selbst wenn einmal das Rednerpult zu hoch sein sollte und man oben auf dem Podium nur einen sprechenden Hut sieht, wie einst bei einer Reise in die USA, ist doch auch dem letzten Zuschauer klar: Dieser Hut da oben ist nicht irgendein Hut, sondern der Hut der Königin von England. Demnach sollte man gut zuhören, denn die Worte der Queen haben auf der ganzen Welt Gewicht – auch wenn sie sich bei ihren Reden meist kurzfasst.

Inhalt

Mode und Reisen bis hin zu Hundezucht und Pferderennen und noch viel weiter.

Die Queen versteht es wie keine Zweite, Traditionen und Moderne miteinander zu verflechten. Immer wieder wird sie für die beispiellose Leistung gelobt, wie sie der angekratzten britischen Monarchie zu neuem Glanz verholfen und sie mit sicherer Hand in das 21. Jahrhundert navigiert hat.

Bei all ihren offiziellen Pflichten ist die Queen jedoch vor allem ein Familienmensch. Ganz getreu dem englischen Motto *Family First*. Nun wäre ihre direkte Familie schon groß genug, dass die Beschäftigung mit ihr einem Fulltime-Job gleichkäme. Doch die Queen wäre nicht die Queen, wenn sie sich darauf beschränken würde. Denn als Königin von England, Großbritannien und des Commonwealth ist sie in gewisser Hinsicht auch die Mutter von Millionen von Untertanen. Sie kann also nicht einfach nur auf das Wohlergehen ihrer eigenen Familie achten, sondern muss stets das große Ganze im Blick behalten.

Und das tut sie während ihrer mittlerweile über 64 Jahre währenden Herrschaftszeit ununterbrochen. Dabei ist sie jedoch nicht nur die ernste Monarchin und vorbildliche Landesmutter. Manchmal ist sie einfach nur Elizabeth und es blitzen auch immer wieder die menschlichen Seiten der Queen durch ihre perfekte Fassade hindurch auf. So kommt mit der Zeit eine verblüffende Sammlung ganz unterschiedlicher Anekdoten zusammen. In diesen Geschichten ist die Queen nicht immer die treibende Kraft. Manchmal übernimmt sie auch den duldenden Part. Als Königin muss sie ja bisweilen so einiges über sich ergehen lassen. Doch sie weiß auch diese Rolle zu spielen: Selbst wenn es einmal brenzlig oder gar peinlich werden sollte, bleibt sie ganz Monarchin und tritt der Situation – je nachdem, was gerade gefragt ist – mit königlicher Contenance, royaler Würde oder unerschütterlichem Gleichmut entgegen.

Eine glückliche Kindheit

Es ist das Jahr 1926 und England befindet sich wirtschaftlich in der Krise. Der Preis für Kohle ist im Keller, die Gewerkschaften drohen mit Streik und doch feiert das ganze Land, als am 21. April Nachwuchs im Hause Windsor zur Welt kommt. Es ist das erstgeborene Kind des Herzogs und der Herzogin von York. Ein süßes kleines Mädchen mit dem schönen Namen Elizabeth Alexandra Mary. Sie ist das jüngste Mitglied der englischen Königsfamilie und steht lediglich an dritter Stelle, was die Thronfolge betrifft. Vor ihr kommen erst einmal ihr Onkel, der Prinz von Wales, und ihr Vater, der Herzog von York, an die Reihe. Außerdem würde sie in der Thronfolge noch weiter nach hinten rücken, sobald ihr Onkel erst einmal eigene Kinder haben sollte.

Dementsprechend darf die kleine Elizabeth in einer sehr entspannten Atmosphäre aufwachsen. Der Druck der Krone lastet nicht auf ihren Schultern, ist es doch ohnehin äußerst unwahrscheinlich, dass sie eines Tages das Oberhaupt Großbritanniens werden könnte.

Ihr Großvater, König George V., frisst sofort einen Narren an der kleinen Elizabeth. Sie soll eine der wenigen Personen sein, die keine Furcht vor Seiner ehrwürdigen Majestät hat, und so verpasst sie ihm kurzerhand den drolligen Spitznamen *Grandpa England*.

Elizabeth wächst nur bedingt in einem königlichen Umfeld auf. Viele ihrer Freundinnen kommen aus bürgerlichem Hause. Erst 1930, als ihre Schwester Margaret das Licht der Welt erblickt, bekommt sie sozusagen eine Spielkameradin mit blauem Blut. 1933 – Elizabeth ist inzwischen sieben – zieht eine neue Gouvernante bei den Windsors ein. Ihr Name ist Miss Marion Crawford und sie ist von nun an für die Erziehung und Bildung der beiden Schwestern zuständig. Auf Anweisung der Herzogin von York lässt Miss Crawford den jungen Windsor-Schwestern eine sehr lockere Erziehung angedeihen. Elizabeths Eltern haben keine guten Erinnerungen an ihre eigene Schulzeit und sie wünschen sich für ihre Töchter nur eines: »eine wirklich glückliche Kindheit mit vielen schönen Erinnerungen«. Dementsprechend sanft ist Miss Crawfords Umgang mit den Mädchen. Der Unterricht geht lediglich von 09:30 Uhr bis 11:00 Uhr vormittags. Den Rest des Tages haben

Elizabeth und Margaret zur freien Verfügung und dürfen nach Lust und Laune im Garten spielen, singen und tanzen.

Während das sanfte Regiment von Miss Crawford der damaligen Königin Mary ein Dorn im Auge ist, begnügt und vergnügt sich Elizabeth in jenen Kindertagen mit den einfachen Dingen des Lebens. Sie liebt Tiere und würde eines Tages am liebsten einen Bauern heiraten, weil sie dann inmitten von Kühen, Pferden und Hunden leben könnte. Doch das Schicksal hat ganz andere Pläne für die junge Prinzessin.

Kriegszeiten

Die unbeschwerte Idylle ihrer Kindheit findet ein jähes Ende, als 1939 der Zweite Weltkrieg ausbricht. Mit unerhörter Aggression und Schnelligkeit unterwerfen die Nazis unter Hitlers Oberbefehl ein Land nach dem anderen und schon bald bleibt auch Großbritannien von den Angriffen der Deutschen nicht länger verschont.

Am Anfang des Krieges halten sich die beiden Prinzessinnen Elizabeth und Margaret noch zusammen mit Miss Crawford in Birkhall in der Nähe von Balmoral auf. Doch schon bald werden sie nach Schloss Windsor gebracht, dessen normalerweise zartrosa getünchten Mauern nun grün gestrichen sind, um den feindlichen Bombern das Zielen zu erschweren. Elizabeths Mutter, inzwischen selbst Königin, steht unter starkem Druck, die Kinder nach Kanada in Sicherheit zu bringen, doch sie bleibt standhaft und behält die Prinzessinnen in ihrer Nähe.

Als die Deutschen 1940 Dänemark und Norwegen einnehmen, fliehen die enteigneten skandinavischen Monarchen nach London. Die Prinzessinnen ihrer Dynastien schickt man nach Schloss Windsor. Dort suchen sie gemeinsam mit den englischen Prinzessinnen Zuflucht vor dem Krieg.

Obwohl Elizabeth und Margaret noch Kinder sind, kommt ihnen während des Krieges eine ganz entscheidende Rolle zu. Zu Propaganda-zwecken wird das Gerücht gestreut, die beiden wären irgendwo auf dem Land versteckt, wo sie ihr eigenes Gemüse anpflanzten und stets eine Gasmaske bei sich trügen, um das Über-leben des britischen Königshauses zu sichern.

Die Wirklichkeit sieht aber ganz anders aus: Während der Kriegsjahre fallen mehr als 300 Bomben auf die Parkanlagen rund um Schloss Windsor und nur allzu oft werden Elizabeth und ihre Schwester vom Fliegeralarm geweckt und sofort in die unterirdischen Bunker des Schlosses gebracht. Der Krieg ist so sehr Alltag, dass sie genau wie Premierminister Churchill in sogenannte »Siren-Suits« gekleidet schla-fen. Das sind spezielle Thermo-Overalls, die eigens für Bombenangriffe entworfen wurden.

Letztendlich gehen aber sämtliche Bomben der Nazis daneben und die königliche Familie über-lebt den Zweiten Weltkrieg weitgehend unbe-schadet.

Die Queen bei den Hilfstruppen

Die junge Elizabeth ist nicht nur passive Zeit-zeugin des Zweiten Weltkrieges. Schon in ih-rem damals noch sehr zarten Alter spürt sie die Bedeutung des Credos *Adel verpflichtet* und möchte – genau wie ihr späterer Ehemann Philip von Griechenland – eine aktive Rolle im Kriegs-geschehen übernehmen.

Anfangs ist der König zwar noch dagegen, doch als die deutsche Luftwaffe 1940 viele englische Städte dem Erdboden gleichmacht, gibt er nach und lässt die 14-jährige Elizabeth übers Radio zu den Kindern Nordamerikas sprechen. Die Rede der jungen Prinzessin trifft genau ins Schwarze und mobilisiert eine immer stärkere Unterstüt-zung der amerikanischen Bevölkerung.

Diese Rolle genügt Elizabeth noch nicht und sie übernimmt in den Folgejahren immer mehr offizielle Pflichten. So ernennt sie ihr Vater zur Staatsrätin, obwohl sie mit ihren erst 18 Jah-ren streng genommen noch zu jung dafür ist. In diese Zeit fallen unter anderem ihre erste öffentliche Rede in einem Kinderkrankenhaus und ihre erste Schiffstaufe.

Anfang 1945 geht sie noch einen Schritt weiter, wovon ihr Vater zwar ganz und gar nicht begeistert ist, aber er kann die energische Elizabeth auch nicht länger im Zaum halten. Sie tritt den Hilfstruppen der Frauenarmee bei, wo sie zur Mechanikerin und Ambulanzfahrerin ausgebildet wird. Ihre Ausbildungsbasis liegt in Aldershot, wo sie anfangs noch von den übrigen Rekrutinnen getrennt ist und ihre Mahlzeiten mit den Offizieren zusammen einnimmt. Allerdings ändert sich das schnell, als die Presse von dieser Sonderbehandlung Wind bekommt – schon bald dient die zukünftige Königin von England als eine unter vielen. Laut eigener Aussage hat sie bei der Armee das erste Mal in ihrem Leben die Gelegenheit, sich mit Gleichaltrigen zu messen.

Die Zeit bei den Truppen wird für Elizabeth vermutlich für immer eine ganz besondere Zeit bleiben. Die englische Regierung weiß aber auch, wie sie ihrerseits Kapital daraus schlagen kann. Dutzendfach wird die Prinzessin in Uniform vor ihrem Krankenwagen oder auch im olivgrünen Armee-Overall beim Reifenwechsel abgelichtet. Es sind Bilder, die um die Welt gehen. Sie zieren die Titelseiten sämtlicher Zeitungen der Alliierten und verbreiten in der Bevölkerung neue

Hoffnung auf eine bessere Zukunft. Und tatsächlich nimmt der Zweite Weltkrieg schon bald darauf sein Ende. Damit endet auch Elizabeths Zeit bei den Truppen. Es bleiben nicht nur die Erinnerungen. Denn das Gedächtnis der Queen ist ausgezeichnet und sie gilt bis heute als einziges Mitglied der königlichen Familie, das eigenhändig eine Zündkerze wechseln kann.

Das königliche Hochzeitskleid

Im Sommer 1939 begegnet die junge Elizabeth am Royal Naval College in Dartmouth zum ersten Mal ihrem Cousin dritten Grades. Sein Name ist Philip von Griechenland und die beiden wissen vermutlich noch nicht, dass sie einander eines Tages das Jawort geben werden. Elizabeth ist allerdings vom ersten Augenblick an fasziniert von dem hochgewachsenen Kadetten.

Vier Jahre später besucht Philip die Windsors in ihrem Schloss und feiert mit ihnen zusammen Weihnachten. Elizabeths Bewunderung für Philip ist ungebrochen und er zeigt sich sehr geschmeichelt. Überhaupt bleibt die Zeit bei den Windsors dem jungen Philip in bester Erinnerung. Als er schließlich zurück in den Krieg zieht, verspürt er bereits den starken Wunsch, Elizabeth eines Tages zu heiraten. Doch davon will der Herr Papa rein gar nichts wissen. Seine Elizabeth sei noch viel zu jung zum Heiraten, so König George VI. Philip solle sich diesbezüglich jegliche Hoffnung aus dem Kopf schlagen. Zumindest bis auf Weiteres.

Die Tatsache, dass Philip deutsche Wurzeln hat, rückt seinen Wunsch in noch weitere Ferne. Doch er lässt sich von den Widrigkeiten nicht abhalten und fängt nach seiner Rückkehr aus dem Krieg an, Elizabeth ernsthaft den Hof zu machen. Seine Avancen tragen schon bald Früchte, denn die Prinzessin erwidert seine Zuneigung. Ihre Eltern sind zwar nach wie vor nicht überzeugt, aber gegen den Entschluss ihrer Tochter sind sie – obwohl sie ein Königspaar sind – schlicht und ergreifend machtlos.

Am 20. November 1947 ist es so weit: Elizabeth und Philip heiraten vor 2000 ergriffenen Gästen in der Westminster Abbey. 200 Millionen folgen der Zeremonie gebannt an den heimischen Radios.

Was sie leider nicht sehen können, ist das umwerfende Hochzeitskleid der Prinzessin. Genauso wenig wie den aus einem Nugget walisischen Goldes geschmiedeten Ehering.

Der Hochzeitskuchen ist ebenfalls ein ganz besonderer Leckerbissen: eine vierstöckige Fruchttorte aus dem Hause McVitie & Price. Die Zutaten dafür stammen aus einer Spende australischer Pfadfinderinnen. Eine äußerst großzügige Spende, wenn man bedenkt, dass 2000 Gäste beköstigt wurden.

Doch das alles verblasst neben dem einmaligen Kleid der Braut. In dem von Sir Norman Hartnell entworfenen, aus feinster Seide gewobenen und mit 10.000 schneeweißen Perlen sowie Lilien- und Orangenblütenmustern verzierten Brautkleid sieht die Prinzessin aus wie ein leibhaftiger Engel.

Einziger Haken: So ein extravagantes Kleid ist ganz schön teuer. Gerade in der von Sparmaßnahmen dominierten Nachkriegszeit könnte eine derart exklusive Anschaffung der Prinzessin sehr schnell als Dekadenz angekreidet werden. Aus diesem Grund fängt Elizabeth schon lange vor der Trauung an, Coupons für den in dieser Zeit noch rationierten Kleidungskauf für ihr Hochzeitskleid zu sammeln. Das spricht sich natürlich herum und zahllose Briten wollen der Prinzessin ihre eigenen Kleidungscoupons schenken. Da das jedoch nicht erlaubt ist, schickt Elizabeth jeden einzelnen Coupon an seinen Absender zurück.

Plötzlich Königin

Der König ist tot, es lebe der König! Dieses ursprünglich aus dem Französischen stammende Zitat findet auch in der britischen Monarchie immer wieder Anwendung. So auch 1936, als König George V. mit seinem Tod den Thron für seinen Erstgeborenen frei macht. Der neue König heißt fortan Edward VIII.

Mit seiner Krönung rücken sowohl Elizabeths Vater als auch die Prinzessin selbst in der Thronfolge nach vorn. Dennoch rechnet wohl keiner von beiden damit, in nächster Zeit selbst den Thron zu besteigen.

Leider ist Elizabeths Onkel von seiner neuen Rolle als König nicht sonderlich angetan. Einerseits ist er wegen seines guten Aussehens und seines Charismas vor allem bei den weiblichen Untertanen äußerst beliebt. Andererseits zeigt er sich von seinen königlichen Pflichten gelangweilt. So ist es keine Seltenheit, dass Seine Majestät auf offiziellen Unterlagen Whiskeyflecken hinterlässt.

Anfangs hofft man wohl noch, dass Edward sich früher oder später an sein neues Amt gewöhnen möge, doch mit Wallis Simpson an seiner Seite fällt ihm das äußerst schwer. Zum einen ist seine große Liebe eine Bürgerliche, zum anderen ist die Amerikanerin zweimal geschieden. Das genügt, um sie als Königin in spe von vornherein zu disqualifizieren. Edward ist jedoch fest entschlossen, Wallis Simpson zu heiraten, und so dankt er nach gerade einmal 325 Tagen Herrschaft ab.

Diesmal ist der König zwar nicht tot, aber dem neuen Monarchen wird trotzdem ein langes Leben gewünscht. Dies ist Elizabeths Vater – von nun an König George VI. – allerdings nicht vergönnt. Immerhin bleibt er deutlich länger auf dem Thron als sein älterer Bruder, nur ist ihm leider kein allzu glückliches Schicksal beschieden. Am 6. Februar 1952 stirbt George VI. im Alter von 56 Jahren überraschend in seinem Bett in Sandringham. Dabei war er tags zuvor noch bei der Hasenjagd gewesen und hatte überhaupt keinen schwachen Eindruck gemacht. Doch nun ist der König tot und das Land ruft nach seiner Königin.

Die hält sich nur gerade in Kenia auf und trifft aufgrund schlechten Wetters erst mit 24 Stunden Verspätung in London ein. Als ihre Maschine landet, reagiert Elizabeth gefasst und ist bereit für ihre anstehenden Pflichten. Sie ist gerade einmal 25 Jahre alt, aber sie weiß, welch große Verantwortung von nun an auf ihren Schultern liegt. 16 Monate später findet die Krönungszeremonie in der Westminster Abbey statt. Es ist ein Ereignis monumentalen Ausmaßes. 30.000 Menschen übernachten auf den Straßen Londons, um einen Blick auf die neue Königin zu erhaschen.

Premierminister Churchill ist zwar entschieden gegen eine Fernsehübertragung der Zeremonie, aber die Queen setzt sich darüber hinweg und gewährt den Kamerateams Zutritt zur Westminster Abbey. 20 Millionen Zuschauer verfolgen die Krönung zu Hause vor den Bildschirmen. Viele von ihnen kaufen eigens für diesen Anlass ihren ersten Fernsehapparat.

Die Krönung der Queen ist zweifelsohne eines der ganz großen Ereignisse unserer Zeit. Im englischen Königshaus steht Kontinuität an vorderster Stelle und mit der Krönung Elizabeths II. feiern Briten und Menschen auf der ganzen Welt nichts Geringeres als die Wiedergeburt der britischen Monarchie.

Der falsche Geburtstag

Nach ihrer Krönung ändert sich Elizabeths Leben von Grund auf. Sie ist keine Prinzessin mehr, die mehr oder minder frei über ihr Leben verfügen kann. Als Königin weht ein neuer Wind und es wird von ihr erwartet, dass sie die Segel richtig setzt und die britische Monarchie auf Kurs bringt.

Die Liste ihrer Pflichten ist scheinbar endlos. Die Queen hat pro Jahr mehrere Hundert offizielle Termine im In- und Ausland. Da bleibt nicht viel Freizeit, geschweige denn Privatleben.

Sie ist jetzt eben an erster Stelle Königin und britisches Staatsoberhaupt und nur dann Privatperson, wenn ihr Terminkalender es zulässt.

Das wird vor allem an ihrem Geburtstag deutlich. Geboren wurde die Queen am 21. April, doch offiziell feiert sie ihren Geburtstag mit der spektakulären *Trooping the Colour*-Parade erst am zweiten Samstag im Juni. Warum gerade an diesem Tag? Weil dann im regnerischen England zumindest statistisch gesehen am häufigsten die Sonne scheint. Und so eine Parade im

Regen macht nun wirklich keinen Spaß – weder den Zuschauern noch der Queen.

Trooping the Colour ist, wie der Name schon vermuten lässt, eine Militärparade. Über 1400 Soldaten nehmen zusammen mit 200 Pferden und mehr als 400 Musikern und Trommlern an der Parade teil. Die Queen selbst kommt in einer Kutsche vom Buckingham Palace, um – wie es die Tradition verlangt – die Reihen zu inspizieren.

Nach der Parade findet sich die Queen mit ihrer Familie auf dem Balkon des Buckingham Palace ein. Von dort aus beobachten die Royals ein Geschwader der Royal Air Force, das der Königin zu Ehren über London fliegt.

An ihrem tatsächlichen Geburtstag geht es weitaus undramatischer zu. Die Queen feiert am liebsten im kleinen Kreis der Familie. Das einzige öffentliche Element ist der feierliche Kanonen-Salut im Londoner Zentrum. Dann verkünden im Hyde Park 41 Kanonen den Geburtstag der Königin; im Windsor Park sind es 21 und am Tower gleich 62, die der Queen lautstark zu ihrem Ehrentag gratulieren.

Königliche Geschenke

Anders als die meisten Menschen bekommt die Queen nicht nur zu den üblichen Anlässen wie Geburtstagen oder Weihnachten Geschenke. Als Staatsoberhaupt Großbritanniens und des Commonwealth empfängt sie regelmäßig Delegationen aus aller Welt. Die wollen selbstredend nicht mit leeren Händen vor Ihrer Majestät erscheinen. Auch auf ihren zahlreichen Reisen und Staatsbesuchen wird die Queen von ihren Gastgebern stets mit Geschenken überhäuft. So kann sie heute auf eine äußerst facettenreiche Liste von Staatsgeschenken und Präsenten zurückblicken.

Darunter befinden sich auch einige recht kuriose Mitbringsel.

Von ihrer Seychellen-Reise 1972 bringt sie beispielsweise zwei lebendige Schildkröten mit nach Hause. Obendrein bekommt sie im selben Jahr anlässlich ihrer Silberhochzeit vom Präsidenten Kameruns einen sieben Jahre alten Elefantenbullen namens Jumbo und während eines späteren Staatsbesuchs in Kanada zwei schwarze Biber geschenkt. Doch damit nicht genug. Zu den tierischen Präsenten, die sie in ihrer Amtszeit erhält, gehören auch ein lebendiger Jaguar und einige Faultiere aus Brasilien.

Man fragt sich, was sie wohl mit diesen nicht gerade alltagstauglichen Geschenken anfängt. Aber die Queen ist praktisch veranlagt und gibt die exotischen Tiere kurzerhand in die Obhut des Londoner Zoos. Dabei würde sich ein Elefant im Garten des Buckingham Palace sicher auch sehr gut machen.

Aber sei's drum.

Die Liste der kuriosen Geschenke ist damit allerdings noch nicht zu Ende. Neben Eiern, Schneckenhäusern, Cowboystiefeln, Sonnenbrillen, einigen Ananas, einem Ahornhain und sieben Kilo Garnelen wird die Queen jedes Jahr stets reich mit Blumen beschenkt. Es sind so viele, dass wohl nicht einmal die weitläufigen Räumlichkeiten des Buckingham Palace ausreichen, um sie unterzubringen. Deshalb spendet die Queen – großzügig, wie sie ist – die Sträuße und Bouquets einfach an verschiedene Krankenhäuser.

Königliche Privilegien

Als Staatsoberhaupt des Vereinigten Königreichs kommt die Queen viel auf unserem Planeten herum. Ja, sie gilt als eine der meistge-
reisten Personen der Welt. Insgesamt bringt sie
es auf über 250 Dienstreisen, davon viele offizielle Staatsbesuche, in 129 verschiedene Länder. Allein für die Ein- und Ausreisestempel
bräuchte sie wahrscheinlich eine ganze Reihe
von Reisepässen, denn in einem allein ist für so
viele Länder kaum Platz. Da trifft es sich ganz
gut, dass Königin Elizabeth II. gar keinen Reisepass besitzt. Sie braucht auch keinen, zumal ihr
Name ohnehin auf dem Reisepass eines jeden
Briten steht – denn jeder britische Pass wird in
ihrem Namen ausgestellt.

Dasselbe gilt für ihren Führerschein. Sie hat
zwar während ihrer Zeit beim Militär eine Füh-
rerscheinprüfung abgelegt, streng genommen
bräuchte sie aber zumindest in Großbritannien
keine Fahrerlaubnis. Denn als Königin steht sie
in dieser Hinsicht als einzige Britin über dem
Gesetz. Das gilt auch für die Fahrzeugzulas-
sung, denn die Queen braucht kein Nummern-
schild für ihren Wagen. Bei offiziellen Anlässen

lässt sich die Königin chauffieren, wie es ihr gebührt. Bei weniger förmlichen Gelegenheiten soll sie sich durchaus auch selbst ans Steuer setzen. Allerdings bewegt sie sich dann meist nur auf den weitläufigen Privatgrundstücken ihrer zahlreichen Schlösser und Landsitze.

Königin oder nicht, sie hält die Gesetze ihres Landes ein. Na ja, zumindest die meisten. Mit der Anschnallpflicht im Auto soll sie es nicht so genau nehmen. Zum Glück ist sie aber auch in dieser Angelegenheit vor dem Strafzettel eines übereifrigen Bobbys gefeit. Die Queen genießt nämlich Immunität und so wäre es rechtlich gar nicht möglich, ihr ein Knöllchen zu verpassen.

Die Queen und König Abdullah

1998 besucht der heutige König von Saudi-Arabien die Queen auf ihrem Landsitz Balmoral in Schottland. Damals ist Abdullah zwar noch der saudische Prinz, das ändert aber nichts daran, dass die Queen ihn ganz schön ins Schwitzen bringt. Als sie ihm die ganze Schönheit ihrer schottischen Ländereien zeigen möchte, setzt sich Königin Elizabeth II. höchstpersönlich ans Steuer ihres Land Rovers. Das allein würde an sich schon voll und ganz ausreichen, um Abdullah aus dem Konzept zu bringen, denn in Saudi-Arabien ist es für Frauen verboten, selber Auto zu fahren.

Die Queen lässt sich jedoch von den Sitten im fernen Land des Prinzen nicht beirren. Sie fährt munter drauf los und erzählt die ganze Fahrt über in einem fort. An diesem Tag ist sie so gesprächig, dass Abdullah selbst kaum zu Wort kommt. Als die Königin das Fahrzeug plötzlich stark beschleunigt, ohne ihre Ausführungen zu unterbrechen, bekommt der Prinz es mit der Angst zu tun. Über seinen Dolmetscher, der im Fond des Wagens sitzt, bittet er die Queen, langsamer zu fahren und sich auf die Straße zu konzentrieren.

Im Nachhinein ist es schwer zu sagen, ob die Queen dem saudischen Kronprinzen bewusst Angst einjagen wollte, sich vielleicht auch gar nichts weiter dabei dachte oder möglicherweise sogar stillschweigend eine politische Agenda im Hinterkopf hatte. Zuzutrauen wäre es ihr. Als Königin muss sie zwar von der Äußerung persönlicher Ansichten immer wieder Abstand nehmen und im Sinne des Gemeinwohls handeln, als Frau jedoch hat sie aber sicher auch ihre ganz eigene Meinung zum Status der weiblichen Bevölkerung Saudi-Arabiens. Was auch immer sie dazu bewog, Prinz Abdullah so einzuschüchtern, mit Sicherheit lässt sich nur eines sagen: Die Ausfahrt mit der Queen wird für den saudischen König wohl für immer unvergesslich bleiben.

Die königliche E-Mail

Die Queen steht für Tradition und Kontinuität. Das bedeutet aber nicht, dass sie in der Vergangenheit lebt, auch wenn sie durchaus zu den älteren Semestern gezählt werden kann. Kaum ein Staatsoberhaupt beherrscht den Spagat zwischen Tradition und Moderne so meisterhaft wie sie. Es ist der Queen zu verdanken, dass die britische Monarchie den Sprung ins 21. Jahrhundert geschafft hat, ohne ihre traditionellen Werte zurückzulassen.

Als Galionsfigur des britischen Königshauses kommt die Queen auf diese Weise immer wieder in den Genuss einer Vorreiterrolle, nicht zuletzt im technologischen Bereich. Grundsätzlich bedient sich die Queen auch heute noch gerne der altbewährten Kommunikationsmittel. Sie ist nach wie vor eine fleißige Briefeschreiberin, verschließt sich deshalb aber keineswegs den modernen Wegen der Kommunikation.

Ja, man kann sogar sagen, dass sie trotz ihres berufsbedingten Hangs zur Nostalgie moderner ist als so manch anderes alteingesessene Staatsoberhaupt. Zu einer Zeit, als viele noch nicht wissen, dass es so etwas wie das Internet überhaupt gibt, schreibt die Queen bereits ihre erste E-Mail. Das Ganze trägt sich 1976 auf einer britischen Army Base zu. Die Queen benutzt damals sogar noch das ARPANET, einen Vorläufer des Internets, wie wir es heute kennen. Leider sind weder der Inhalt noch der Empfänger der Mail bekannt. Ihre Majestät weiß eben, wie wichtig es ist, Diskretion zu wahren. Erst recht im Internetzeitalter. Diese königliche E-Mail ist nicht der erste Vorstoß der Queen in die Gefilde moderner Technologie. Bereits in den Fünfzigerjahren hatte sich die Königin als richtungsweisend gezeigt, als sie per Telefon das erste Ferngespräch in der Geschichte Englands führte.

Außerdem besitzt sie schon lange einen eigenen Computer und ein verschlüsseltes Mobiltelefon. Als große Musikliebhaberin versteht es sich fast schon von selbst, dass die Queen auch einen iPod ihr Eigen nennt – und das nicht erst nachdem US-Präsident Barack Obama ihr 2009 einen schenkte.

Die Queen ist sich ihrer Rolle als Vorbild der Nation stets bewusst. Und als solches versteht sie es auf ganz bewundernswerte Weise, mit der Zeit zu gehen, ohne Althergebrachtes zu vergessen.

Die Schwäne der Königin

Schon seit dem zwölften Jahrhundert hat die britische Krone das Recht auf sämtliche unmarkierten Schwäne Englands, die in freier Wildbahn leben. Dabei stand ursprünglich kaum die Liebhaberei im Mittelpunkt. Die Royals des Mittelalters schätzten das zarte Fleisch der Schwäne und ließen die majestätischen Tiere mit Vorliebe bei Festen und Banketten servieren.

Im Laufe der Jahre hat sich jedoch vieles geändert. So landet heute kein Schwanenfleisch mehr auf der königlichen Tafel, obwohl die Queen aus rein rechtlicher Sicht noch immer den Anspruch darauf hätte. Als große Tierliebhaberin verzichtet sie allerdings großzügig auf dieses Privileg.

Tradition spielt aber auch im modernen England eine nicht zu unterschätzende Rolle. Deshalb ist das Amt des königlichen Schwanenmarkierers heute noch genauso wichtig wie im zwölften Jahrhundert. Unter seiner Leitung findet auf der Themse jährlich das sogenannte *Swan Upping* statt. In königliches Scharlachrot gekleidet, auf dem Kopf eine mit einer Schwanenfeder verzier-

te Mütze, fährt er zusammen mit den Schwanen-
pflegern in traditionellen Holzruderbooten über
den Fluss, um sich ein Bild von der Schwanen-
population zu verschaffen. Dabei werden die
Vögel eingekreist, sodass die Pfleger sie behut-
sam aus dem Wasser nehmen können. Während
es ihnen früher an dieser Stelle an den Kragen
gegangen wäre, können sich die Schwäne heute
ganz entspannt zurücklehnen.

Bei der Aktion geht es ja nicht mehr um ihr
edles Fleisch, sondern vielmehr »um Umwelt-
schutz und Erziehung«, erklärt der königliche
Schwanenmarkierer David Barber.

Sind die Tiere einmal an Land, untersucht sie
der königliche Schwanenhüter – ein Professor
für Ornithologie an der Universität Oxford –
auf eventuelle Verletzungen. Es kommt schon
mal vor, dass die noblen Vögel an Angelhaken
hängen bleiben, von denen sie sich selbst nicht
mehr befreien können. Darüber hinaus untersucht der Schwanenhüter die Tiere auf Krank-
heiten und stellt fest, ob sie sich normal ent-
wickeln. Wenn alles in Ordnung ist, dürfen sie
zurück ins Wasser. Wenn nicht, kommen sie in
eine Auffangstation.

Normalerweise nimmt die Queen nicht persönlich am *Swan Upping* teil. Nur 2009 macht sie eine Ausnahme und erscheint als Zuschauerin bei dem tierischen Schauspiel. Das zeigt, dass das jährliche Schwanenritual zwar altgedient ist, aber noch lange nicht ausgedient hat.

Die Queen und die Störe

Die britischen Könige vergangener Tage hatten nicht nur eine Schwäche für zartes Schwanenfleisch, nein, auch Störe, Delfine und Wale standen bei den Royals hoch im Kurs. So hat ein Gesetz von 1324 bis heute Gültigkeit, dem zufolge die Krone alle Delfine, Störe und eine Reihe von Tümmlern, die maximal drei Meilen vor den Küsten des Vereinigten Königreichs gefangen werden, als ihren Besitz für sich beanspruchen kann.

Man fasst diese Fische – auch wenn einige von ihnen zur Gruppe der Säugetiere gehören – unter dem Begriff *Royal Fish* zusammen. Dieses Kuriosum geht auf die Herrschaft von Edward II. zurück und die Briten sind hier wohl kein Einzelfall. Die adligen Gaumen des Mittelalters scheinen eine Vorliebe für Wale und Störe entwickelt zu haben. So sollen die Könige Dänemarks und die Herzoge der Normandie ganz ähnliche Rechte für sich beanspruchen können.

Für die Fischer heißt das im Klartext: Sobald sie im Schweiße ihres Angesichts einen Stör, Delfin oder Wal aus dem Wasser ziehen, dürfte sich die Freude über den Fang vermutlich in Grenzen halten. Denn ab diesem Zeitpunkt gehört der Fisch bereits der Krone. Dasselbe gilt für gestrandete oder angeschwemmte Tiere.

Zur Erleichterung vieler Fischer hat dieses königliche Sonderrecht heute nur noch auf dem Papier Gültigkeit. Es ist wohl in der ganzen Regierungszeit der Queen noch kein einziges Mal vorgekommen, dass sie in farbenfrohem Kleid und dazu passendem Hut mit ihrem Bodyguard auf einem Fischmarkt erschienen wäre und einen der »königlichen Fische« für sich beansprucht hätte. Nichtsdestotrotz ist es bis heute Usus geblieben, beim Kauf eines Störs darauf zu verweisen, welch Ehre es sei, einen der königlichen Fische Ihrer Majestät erwerben zu dürfen.

Die Queen mag sich heute nicht mehr allzu sehr für die ihr zustehenden »königlichen Fische« interessieren. Das bedeutet aber nicht, dass man als Fischer nunmehr einen Freifahrschein für Tümmler und Störe hat. Die britischen Behörden haben sehr wohl ein Auge auf die Fischer, wenn königliche Beute in ihren Netzen zappelt. So steht beispielsweise im Jahr 2004 ein walisischer Fischer nach dem Fang eines ungefähr drei Meter langen Störs im Fokus der

Polizei, weil er sich wohl nicht ganz an das übliche Prozedere gehalten hat. Wie gesagt, Traditionen werden in England hochgehalten. Vor allem, wenn sie im Zusammenhang mit der Queen stehen.

Auf den Hund gekommen

Schon Elizabeths Vater König George VI. ist ein ausgesprochener Hundeliebhaber. Vor allem die Corgis haben es ihm angetan. Seit er 1933 den kleinen Corgi namens Dookie mit nach Hause gebracht hat, gibt es eine starke Verbindung zwischen der königlichen Familie und dem Corgi, der inzwischen schon fast zum inoffiziellen Wappentier der Windsors geworden ist.

Elizabeth nimmt die Hundeliebe ihres Vaters quasi schon mit der Muttermilch auf. Zu ihrem 18. Geburtstag bekommt sie dann ihren ersten eigenen Corgi, ein Weibchen namens Susan. In den darauffolgenden Jahren wächst die Begeisterung der jungen Elizabeth für ihr Hündchen immer weiter und sie fängt eines Tages sogar an, selber zu züchten.

Inzwischen kann die Queen auf eine stattliche Zahl der süßen Vierbeiner blicken, die in den Mauern des Buckingham Palace ihr Unwesen treiben. Über 30 der knuddeligen Hündchen hat die Queen im Laufe der Jahre besessen. Viele von ihnen waren bzw. sind Nachfahren ihrer ersten Hündin Susan.

Es versteht sich von selbst, dass die königlichen Vierbeiner auch einen durch und durch königlichen Lebensstil genießen. Profanes Dosen- oder gar staubiges Trockenfutter kommen für die Vierbeiner Ihrer Majestät nicht infrage. Stattdessen erfreuen sich die Glücklichen an einer schmackhaften Diät aus Hase, Hühnchen und Filetsteaks, die für jeden Hund ganz individuell zubereitet und vom königlichen Butler auf silbernen Tellern serviert wird. An eine gewisse Etikette müssen sich deshalb auch die kleinen Racker halten, denn serviert wird dem Alter nach. So warten die jüngeren brav, bis sie an der Reihe sind, während die älteren Hunde schon wonnig schmatzend ihre Schüsseln leeren.

Damit die Lieblinge der Königin auch gesund bleiben, wird ihnen zu ihren Mahlzeiten eine Auswahl an homöopathischen Mitteln und wohltuenden Kräutern verabreicht.

Der Luxus hört aber nicht beim Essen auf. So nimmt die Queen ihre Hündchen gerne mit auf Reisen. Im Privatjet, versteht sich. Ein paar ihrer Hündchen dürfen 2012 anlässlich der Eröffnungszeremonie der Olympischen Spiele in London sogar mit keinem Geringeren als Daniel Craig alias James Bond über den roten Teppich wackeln.

Doch das Herz der Queen schlägt nicht nur für die Corgis. Sie züchtet auch Cockerspaniels, schwarze Labradore und hat ganz nebenbei sogar eine völlig neue Hunderasse kreiert: den Dorgi. Eine knuffige Mischung aus Corgi und Dackel.

Aktuell ist die Queen das Frauchen der Corgi-Dame Willow sowie der Dorgis Candy und Vulcan. Nach ihnen möchte sie allerdings keine weiteren Hunde mehr, denn sie will sie nach ihrem Tod nicht allein zurücklassen.

Königlicher Rennsport

Queen Elizabeths Liebe zu Tieren beschränkt sich nicht nur auf ihre Hunde. Schon im zarten Alter von vier Jahren bekommt sie von ihrem Großvater König George V. ihr erstes Shetlandpony mit dem süßen Namen Peggy geschenkt.

Es ist ein wegweisendes Geschenk, denn die Queen bleibt dem Reitsport und ihren Pferden ihr Leben lang treu. Ja, sie soll sogar heute noch gelegentlich in den Sattel steigen, wenn sie sich auf einem ihrer diversen Landsitze von den täglichen Pflichten als Königin erholt.

Doch die Queen begnügt sich nicht mit dem Reiten allein. In den Ställen ihres Landsitzes Sandringham züchtet sie preisgekrönte Rennpferde. Diese elitäre Beschäftigung geht auf Edward, Prinz von Wales, zurück, der 1886 in Sandringham den Grundstein für die königliche Pferdezucht legte.

Auch schon zuvor beschäftigten sich einige Mitglieder der englischen Königsfamilie mit der Zucht edler Rennpferde. Und so viel sei gesagt: Aus den königlichen Ställen kommen nur

Gewinner. Seit 200 Jahren sind die königlichen Rennpferde ungeschlagen. Selbstredend trägt die Queen ebenfalls ihren Teil zu dieser beeindruckenden Erfolgsserie bei. Pro Rennsaison hat sie um die 25 Pferde im Training, die dem Königshaus einen prestigeträchtigen Titel nach dem anderen einbringen. Sie lässt es sich auch nicht nehmen, persönlich auf den Tribünen der Rennbahnen zu erscheinen, um ihre stolzen Pferde anzufeuern. Dementsprechend groß ist auch ihre Freude, wenn es wieder einmal ein Galopper aus ihrem Stall als Erster über die Ziellinie schafft, wie etwa die Stute *Estimate* beim Ascot Gold Cup 2013.

Die Begeisterung der Queen für den Rennsport geht noch weiter: Neben Pferderennen hat Ihre Majestät auch ein starkes Interesse am Taubenrennen, einer Tradition, die sich ebenfalls bis in das Jahr 1886 zurückverfolgen lässt. Damals schenkte der belgische König Leopold II. dem britischen Königshaus einige Renntauben, womit alles seinen Anfang nahm. Ehrensache, dass die Queen diese Tradition fortführt. Beim Pau-Rennen, das jährlich vom *Welsh National Flying Club* veranstaltet wird, belegt eine Taube der Queen 1990 sogar den ersten Platz und verdient sich damit den klangvollen Namen *Sandringham Lightning*.

Als Folge ihres Engagements für den Tauben-rennsport ist die Queen Schirmherrin mehrerer sogenannter *Racing Societies*, unter anderem auch der *Royal Pigeon Racing Association*.

Die Kronjuwelen

Die Queen hat ganz offensichtlich eine Schwäche für Schmuckstücke ganz unterschiedlicher Art: Da ist einerseits der umfangreiche Großgrundbesitz, der sie zur weltweit führenden Eigentümerin macht. Auch ihre Schmucksammlung ist eine der größten und wertvollsten weltweit. So darf sie unter anderem den größten pinkfarbenen Diamanten der Welt ihr Eigen nennen. Zu ihren berühmtesten Schmuckstücken zählen die Diamantbrosche in Form eines Goldakazienzweigs, die sie 1954 von der australischen Regierung geschenkt bekommen hat, sowie die Kette aus rechteckig geschliffenen Aquamarinen und Diamanten mit den dazu passenden Ohrringen—ein Geschenk des brasilianischen Botschafters zu ihrer Krönung 1953.

Bei allem Glanz und Glamour können diese seltenen Stücke jedoch kaum mit der Erhabenheit der königlichen Kronjuwelen mithalten. Die Kronjuwelen sind keineswegs für den Alltagsgebrauch bestimmt. Stattdessen sind sie im Londoner Tower-Museum ausgestellt, damit die Öffentlichkeit sie bestaunen kann. Unter den Exponaten befinden sich weltweit einzigartige

Stücke wie etwa der Krönungslöffel, dessen einziger Zweck es ist, dem neuen Monarchen bei der Krönungszeremonie Öl zur Salbung aufzutragen. Ein weiteres spektakuläres Stück der Ausstellung ist sicherlich das königliche Zepter von 1661, dem 1910 der *Große Stern von Afrika* hinzugefügt wurde. Der *Große Stern von Afrika* oder *Cullinan-Diamant*, wie man ihn auch nennt, gilt mit seinen 530,2 Karat als der größte geschliffene klare Diamant der Welt.

Das Highlight der Ausstellung sind zweifelsohne die diversen Kronen der britischen Monarchen. Unter den Stücken befinden sich die St.-Edwards-Krone, die Krone Königin Marys, Königin Victorias Diamant-Krone, das Staatsdiadem von König George IV. und noch einige mehr. Das wahrscheinlich spektakulärste Stück von allen ist jedoch die Imperial State Crown. 1884 für Königin Victoria angefertigt, wird sie eigens für die Krönung Queen Elizabeths II. geändert und angepasst. Das Design der Krone mag vergleichsweise modern anmuten, allerdings existieren die zur Verzierung angebrachten Edelsteine bereits seit Jahrhunderten. Als Erstes springt hier wohl der gewaltige Rubin im Zentrum der Krone ins Auge. Es handelt sich um den *Rubin des Schwarzen Prinzen*, der im 14. Jahrhundert aus Granada nach England gelangte. Ein weiterer markanter Stein der Krone ist der blau funkelnde *Stuart-Saphir* an der Spitze der Krone. Neben diesen beiden berühmten Edelsteinen ist die Imperial State Crown mit 4 Rubinen, 17 Saphiren, 11 Smaragden sowie 277 Perlen und mehr als 3000 Diamanten verziert.

So atemberaubend und sensationell die Krone auch aussehen mag, so schwer ist auch ihr Gewicht. Wenn man Shakespeare Glauben schenkt, überträgt sich dieses Gewicht auf denjenigen, der sie trägt. »Schwer wiegt das Haupt, das eine Krone drückt«, heißt es in seinem Stück *Heinrich IV*. Shakespeares Vers ist sicherlich metaphorisch gemeint. Aber wer weiß, vielleicht trägt die Queen ihre Krone auch deshalb nur so selten.

Das Bildnis der Königin Elizabeth

In Oscar Wildes einzigem Roman *Das Bildnis des Dorian Gray* lässt der gleichnamige Protagonist ein ganz besonderes Gemälde von sich anfertigen. Gray gilt als schönster Mann seiner Zeit und kurioserweise bleibt er bis zu seinem gewaltsamen Tod äußerlich jung und schön, obwohl er sich innerlich immer mehr zur grausamen Bestie entwickelt. Sein Geheimnis: An seiner statt altert sein Gemälde, während er in ewiger Jugend erstrahlt. Na ja, fast. Am Ende kann er den Anblick seines gealterten, auf die Leinwand gebannten Ichs nicht mehr länger ertragen und stirbt beim Versuch, es zu zerstören.

Queen Elizabeth II. hat zum Glück keine solch eitlen Ambitionen. Ihr ist bewusst, dass sie wie alle Menschen von Jahr zu Jahr älter wird. Nichtsdestoweniger hat sie einen Hang zu Porträts. Das ist dann aber wohl auch das Einzige, was sie mit dem sündigen Dorian Gray gemeinsam hat. Im Gegensatz zu Gray lässt die Queen auch nicht nur ein einziges Gemälde ihrer selbst anfertigen. Im Laufe der Jahre entstehen über 130 offizielle Porträts Ihrer Majestät.

Das erste stammt aus dem Jahr 1933 und zeigt die gekonnte Pinselführung des ungarischen Künstlers Philip Alexius de László. Elizabeth ist damals gerade einmal sieben Jahre alt. Mit der Zeit sitzt sie dann immer wieder verschiedensten Malern Modell und so entsteht ein wahrer Schatz an Porträts, die die Queen in unterschiedlichen Lebensphasen zeigen. 2003 lässt sie ganz im Geist der Moderne sogar ein dreidimensionales Hologramm-Porträt anfertigen. Das Modellsitzen genießt sie dabei sehr. Nach eigener Aussage ist es für die Queen die reine Entspannung, »ganz gefühllos dasitzen zu können«.

Übrigens, ihr Gemahl Prinz Philip ist nur auf zwei der zahlreichen Porträts zu sehen. Ob die Queen ihn nicht dabeihaben will? Oder ist dem Herzog von Edinburgh das lange Modellsitzen vielleicht zu mühsam? Wer weiß.

Die wächserne Königin

Wenn ein Land schon über ein weltberühmtes Wachsfigurenkabinett verfügt, steht wohl außer Frage, dass dem Staatsoberhaupt darin ein Ehrenplatz zusteht.

In den Ausstellungsräumen der Londoner Institution *Madame Tussauds* reihen sich Wachsfiguren zahlreicher Berühmtheiten auf, die ihren Vorbildern aus Fleisch und Blut zum Verwechseln ähneln. Alles, was Rang und Namen hat, ist dort als wächsernes Duplikat ausgestellt. Während der Ruhm des einen oder anderen Stars bisweilen schnell verblasst und ihre Wachsfiguren Platz für neue machen müssen, ist die Skulptur der Queen ein zeitloser Hingucker.

Wobei, das stimmt nicht ganz. Genau genommen sind es nämlich Skulptur*en* – Plural. Gleich 23 an der Zahl, die im Laufe der Jahre die Säle von *Madame Tussauds* zieren. Die erste stammt aus dem Jahr 1928 – damals ist Elizabeth gerade einmal zwei Jahre alt. Ein richtiger Wonneproppen präsentiert sich den Besuchern da barfuß im weißen Kleidchen auf seidenen Kissen, den Blick zuversichtlich gen Himmel gerichtet. Zwei Jahre später folgt eine niedliche Replika der vierjährigen Prinzessin, wie sie in Reitermontur auf der Nachbildung eines Ponys sitzt.

Nach und nach entstehen immer weitere Wachsfiguren der Queen, mal ganz allein in vollem Ornat oder auch ganz schlicht im Alltagsdress neben ihrem Ehemann Prinz Philip zusammen mit dem kleinen Prinz Charles und dessen Schwester Prinzessin Anne.

1999 wird ein ganz besonderes Arrangement enthüllt. Es zeigt die Queen im Kreis der königlichen Familie einschließlich des frischvermählten Prinzen Edward und seiner Frau. Prinz Charles steht dabei etwas verloren im Hintergrund, denn Lady Di, die Prinzessin der Herzen, ist zu diesem Zeitpunkt tragischerweise bereits seit zwei Jahren von uns gegangen. Dementsprechend fehlt sie auch bei dieser Installation.

Die aktuelle Wachsfigur der Queen trägt eine Nachbildung des weißen Kleids, das sie anlässlich ihres diamantenen Thronjubiläums 2012 zierte. Der Traum in Weiß ist mit unglaublichen 53.000 Swarovski-Steinen verziert, die das Licht im Raum myriadenfach brechen und die so funkeln, dass der arglose Betrachter fast schon geblendet wird. Die Wachsfigur sieht so echt aus, dass man ihr beinahe die Hand schütteln möchte. Das allerdings wäre ein ziemlicher Fauxpas, denn man reicht der Queen nicht die Hand. Die Queen grüßt immer zuerst und wenn überhaupt, ist sie diejenige, die ihrem Gegenüber die Hand zum Gruß ausstreckt. Aber darauf kann man zumindest bei *Madame Tussauds* lange warten.

Eine königliche Photobomb

Die Queen ist schon seit ihrer Jugend eine begeisterte Fotografin und Filmerin. Am liebsten lichtet sie ihre eigene Familie ab. Selber jedoch mag sie es ganz und gar nicht, fotografiert zu werden. Dabei steht die englische Königin doch mehr oder minder ununterbrochen im Blitzlichtgewitter der Fotografen aus aller Welt. Sie ist eben eine der großen Ikonen unserer Zeit und da kommt man nicht umhin, sich der Öffentlichkeit zu zeigen und zu präsentieren.

Davon einmal abgesehen sieht man es ihr gar nicht an, dass sie nicht so gerne fotografiert wird. Die Queen weiß eben, was sich gehört, und legt eine bewundernswerte Disziplin an den Tag, was den Umgang mit Presse und Fotografen betrifft. Andernorts hört man ja hingegen von Adligen, die die Paparazzi mit schlagkräftigen Argumenten in Form von Regenschirmhieben verscheuchen. Doch das nur am Rande.

Nur ein einziges Mal erlaubt sich die Queen von der ansonsten peinlich genau eingehaltenen Etikette abzuweichen und es entsteht ein Bild, das sofort um die Welt geht. Allerdings ist damit kein Skandal verknüpft, sondern vielmehr ein liebenswerter Streich Ihrer königlichen Majestät.

Als die australische Hockeyspielerin Jayde Taylor nach dem Sieg ihrer Mannschaft bei den Commonwealth Games 2014 zusammen mit ihrer Teamkameradin Brooke Peris ein Sieger-Selfie knipst, geht die Queen just in dem Moment hinter den beiden Sportlerinnen vorbei. Dabei stellt sie ihren viel gerühmten Sinn für Humor eindrucksvoll unter Beweis, indem sie kurz entschlossen Haltung annimmt und außerordentlich freundlich in die Kamera lächelt. Dank dieser *Photobomb*, wie ein solches Verhalten im Fachjargon bezeichnet wird, geht das Bild sofort viral und die ganze Welt erfreut sich an dem kleinen Scherz der Queen.

Es ist kaum zu glauben, aber Taylors Teammitglied Ashleigh Nelson gelingt am selben Tag gleich noch ein zweiter Schnappschuss mit einer freundlich lächelnden Queen im Hintergrund. Ob es am Sieg der Australierinnen liegt oder am schönen Wetter – die Queen scheint bester Dinge zu sein und verewigt sich mit ihren Photobombs sicher nicht nur in den Herzen der australischen Hockeyspielerinnen.

Die Queen auf dem Mond

Die ganze Welt hält den Atem an, als die Astronauten der *Apollo 11* am 21. Juli 1969 zum ersten Mal in der Menschheitsgeschichte auf der Oberfläche des Mondes landen. Neil Armstrong hätte seinen zeitlosen Ausspruch »ein kleiner Schritt für mich, ein großer Schritt für die Menschheit« kaum treffender formulieren können. Denn von da an beginnt eine neue Zeitrechnung. Die letzte Grenze scheint überwunden, von nun an steht der Erforschung des Weltraums und seiner Geheimnisse nichts mehr im Wege. So wie die Menschen auf der Erde diesen monumentalen Tag feiern, zelebrieren die Astronauten ihre beispiellose Leistung fernab jeglicher Zivilisation in der eisigen Kälte des Weltalls.

Und Queen Elizabeth II. ist mittendrin – bildlich gesprochen. Natürlich ist sie bei der Mondlandung nicht physisch anwesend. Vielmehr befindet sie sich im Gepäck der Astronauten Armstrong und Aldrin. Bereits vor der Mondlandung wurden Botschaften von 73 Regierungschefs und Staatsoberhäuptern auf Mikrofilm gebannt, die die amerikanischen Raumfahrer der *Apollo 11* auf dem Mond deponieren sollten.

Darunter etwa eine Nachricht von Papst Paul VI., dem damaligen brasilianischen Präsidenten Artur da Costa e Silva oder auch der ehemaligen indischen Premierministerin Indira Gandhi. Ihre Worte haben alle eins gemeinsam: Sie gratulieren den Astronauten zu ihrem Mut und äußern die Hoffnung darauf, dass die Raumfahrt weiterhin zum Wohl aller Menschen sowie zur Vermehrung des Wissens eingesetzt wird.

Die kleine Scheibe, auf der die Mikrofilmbotschaften festgehalten sind, ist ein technisches Meisterwerk an sich – vor allem für die damalige Zeit. Die beiden Sätze, die die Queen für ihre Botschaft wählt, sind eloquent formuliert und einer Königin würdig. Nur die Art und Weise, wie die beiden Raumfahrer Armstrong und Aldrin die Botschaften für künftige Besucher auf dem Mond hinterlassen, ist alles andere als königlich. Da sie in der lebensfeindlichen Umgebung des Mondes gehörig unter Zeitdruck stehen, vergessen sie um ein Haar, die Mikrofilmbotschaften zu deponieren. Aldrin steigt bereits die Leiter in die Kapsel hinauf, da erinnert ihn Armstrong an das »Paket« in seiner Ärmeltasche. Als letzte Amtshandlung auf dem Mond wirft Aldrin das Päckchen ganz unzeremoniell auf die Mondoberfläche, wo Armstrong es dann mit der Fußspitze in der Nähe der US-Flagge im Boden vergräbt. Ganz ohne Parade, Musik oder Kanonensalut.

Wie lange die Worte der Queen in ihrem Metallcontainer erhalten bleiben, weiß wohl nur Gott allein. Wenn aber in Zukunft Passagierraumschiffe zum Mond fliegen sollten, kann hoffentlich ein jeder ihre richtungsweisenden Worte lesen. Vorausgesetzt sie befinden sich nach all den Jahren noch an Ort und Stelle. Ach ja, man sollte für alle Fälle ein Vergrößerungsglas dabeihaben.

Der rote Koffer

Auch wenn Elizabeth früher Königin geworden ist, als ihr vielleicht lieb war, geht sie von Anfang an mit bewundernswerter Disziplin und vorbildlichem Arbeitseifer ans Werk. Sie ist in allen Belangen immer bestens informiert, versäumt so gut wie keinen ihrer zahllosen offiziellen Termine – kurz, sie ist eine rundum unermüdliche Arbeiterin im Dienste Großbritanniens.

Dabei besteht ein beträchtlicher Anteil ihrer Tätigkeit aus nicht enden wollenden Aufgaben, die gemeinhin als Papierkram bezeichnet werden. Als Staatsoberhaupt gehört das Unterzeichnen offizieller Papiere zu ihrem Job wie der Fußball zu England. Wenn man sich aber einmal vergegenwärtigt, was für eine schier unvorstellbare Menge an Korrespondenz die Queen im Laufe ihrer Amtszeit bewältigt, kann man nur voller Anerkennung den Hut vor der britischen Königin ziehen.

Seit Beginn ihrer Regierungszeit hat sie insgesamt mehr als 3,5 Millionen Postsendungen und andere Zuschriften beantwortet. Wann immer einer ihrer Untertanen seinen 100. Geburtstag feiert, erhält er oder sie ein persönliches Telegramm mit den Glückwünschen Ihrer Majestät. Bis heute hat die Queen über 175.000 solcher Telegramme verschickt. Darüber hinaus gratuliert sie – ebenfalls per Telegramm – all ihren Untertanen, die ihre Diamanthochzeit feiern. Summa summarum sind das im Laufe der Jahre mehr als 540.000 Telegramme. Außerdem pflegt sie ein ganz besonderes Verhältnis zu ihren Angestellten. Und das sind nicht gerade wenige. Bis dato hat die Queen über 45.000 Weihnachtskarten an ihr Personal verschickt und obendrein auch noch mehr als 90.000 Weihnachtspuddings – eine Art Früchtebrot – an ihre Mitarbeiter verschenkt.

Ihre persönliche Post wird der Queen übrigens jeden Morgen in einem edlen roten Koffer überbracht. Darin befindet sich eine breite Auswahl an Lesestoff, von Staatsgeheimnissen über persönliche Briefe bis zu ihren geliebten Pferderennzeitungen.

Da sie so viel liest, nennt man die Queen in England auch *Reader Number One* – Leserin Nummer eins. Vermutlich ist es dem unermüdlichen Fleiß und dem unstillbaren Informationsdurst der Königin zu verdanken, dass man gemeinhin behauptet, es gebe nur drei Menschen, die wirklich wissen, was im Staate England vor sich geht: der Finanzminister, der Premierminister und – wie könnte es anders sein – Ihre königliche Majestät Queen Elizabeth II.

Die Queen und die Seefahrt

Als Inselvolk sind die Briten schon seit jeher eng mit dem Meer verbunden. Sowohl der Schiffsbau als auch die Seefahrt haben eine lange Tradition im Vereinigten Königreich. Dementsprechend lang ist auch die Liste der berühmten britischen Seefahrer, wie etwa Sir Francis Drake, James Cook, Sir Walter Raleigh, Robert Frobisher oder Admiral Horatio Nelson, um nur ein paar zu nennen.

Die Queen ist da keine Ausnahme. Schon als junge Frau – die Prinzessin ist gerade einmal 18 – feiert Elizabeth am 30. November 1944 in Clydebank, Schottland, ihre erste Schiffstaufe. Mit dem feierlichen Zerschmettern einer Champagnerflasche tauft sie das vor ihr stehende Schiff auf den Namen *HMS Vanguard*.

Ihre erste Schiffstaufe als Königin führt sie am 16. April 1953 aus. Das ist ein ganz besonderes Datum, denn an diesem Tag tauft sie die *Britannia*, ihre persönliche Yacht, mit der sie über einen Zeitraum von 50 Jahren immer wieder die Weltmeere erkundet. Meist zusammen mit ihrer Familie.

Die Zeit auf der *Britannia* ist immer wieder etwas ganz Besonderes für die Königin. Dort kann sie ihre staatlichen Pflichten für kurze Zeit vergessen und im Kreis ihrer Lieben ganz sie selbst sein. Sehr untypisch sieht man sie bisweilen in Hosen und schlichten Hemden über Deck spazieren, ein Lächeln im Gesicht, während ihre Kinder, Nichten, Neffen und Enkel ausgelassen herumtollen und spielen.

Zu Zeiten des Kalten Krieges birgt das Schiff Ihrer Majestät jedoch ein Geheimnis in seinem Bauch. Und nicht einmal die ausgelassene Stimmung an Deck kann immer darüber hinwegtäuschen, dass die *Britannia* nicht nur eine reine Vergnügungsyacht, sondern auch ein schwimmender Atombunker ist, in dem die königliche Familie im Falle eines Atomkriegs Zuflucht finden soll. Heute denken wir vielleicht nicht mehr ganz so oft an diese Zeit zurück, doch besonders in den Sechzigerjahren liegt der atomare Overkill bedrohlich in der Luft wie eine grollende Gewitterfront. Zum Glück können die hohen Herren in Washington, London und Moskau aber ihre Finger von den Abschussknöpfen lassen und es bleibt der Queen erspart, mit ihren Lieben in ihrem schwimmenden Bunker Zuflucht zu suchen. So behält sie ausschließlich glückliche

Erinnerungen an die Zeit auf ihrer königlichen Yacht.

Leider findet alles im Leben irgendwann einmal ein Ende. Diesem Schicksal kann auch die *Britannia* nicht entgehen und so wird sie 1997 letztendlich ausgemustert. Es ist eine der seltenen Gelegenheiten, bei denen die Queen öffentlich eine Träne vergießt. Sie waren wohl doch zu schön, die unbeschwerten Tage auf See.

Die Rekordkönigin

Queen Elizabeth II. ist nicht nur die Königin der Herzen, nein, sie ist die Vorzeige-Königin schlechthin. Kaum ein Monarch kann mit ihr mithalten, nicht nur was die Sympathie innerhalb des Volkes angeht. Ein Blick auf die Zahlen genügt und es wird klar, dass die Queen weltweit ohne Konkurrenz dasteht.

Sie ist bereits seit 1952 Königin und sitzt damit seit mehr als 64 Jahren auf dem englischen Thron — so lang wie kein anderer englischer Monarch vor ihr. Zuletzt hielt diesen Rekord ihre Ururgroßmutter Queen Victoria mit 63 Jahren und 216 Tagen.

Ihre Ehe mit Prinz Philip besteht sogar noch länger. Seit 69 Jahren sind die beiden verheiratet. Damit sind sie das am längsten verheiratete Königspaar der Welt. Am 20. November 2007 feierten die beiden ihre Diamanthochzeit und wer weiß, mit ein bisschen Glück steht nächstes Jahr bereits das nächste Jubiläum an. Wenn die Gesundheit der beiden mitspielt, kann das britische Königspaar im November 2017 auf unglaubliche 70 Ehejahre zurückblicken.

Doch damit nicht genug: Die Queen ist nicht nur die Königin mit der längsten Herrschaftszeit in der Geschichte Englands, sie ist gleichzeitig auch die älteste Monarchin des Landes. Vor ihr war es ebenfalls Queen Victoria, die diesen Rekord hielt. Doch die starb im Alter von 81 Jahren. Elizabeth hingegen geht schon auf die 91 zu und macht ganz den Anschein, als würde sie noch viele Jahre auf dem Thron sitzen.

Außerdem ist sie die Königin, deren Konterfei auf den meisten unterschiedlichen Landeswährungen abgebildet ist. Insgesamt sind es 33 verschiedene Währungen, vom britischen Pfund über den kanadischen und australischen Dollar bis hin zu so exotischen Währungen wie dem jamaikanischen Pfund oder der Mauritius-Rupie. Manche dieser Währungen sind zwar heute nicht mehr gültig, doch einige Exemplare mit dem Porträt der Queen werden noch immer in den Archiven aufbewahrt.

Last but not least: Queen Elizabeth II. ist die vermutlich wohlhabendste Königin der Welt. Ihr Vermögen setzt sich aus Schmuck, Kunstgegenständen und Grundbesitz zusammen und wird auf 310 Millionen Pfund Sterling (etwa 365 Millionen Euro) geschätzt.

Es gibt allerdings zwei Könige, die im Hinblick auf die Regierungszeit mit der Queen mithalten können, ja, sie sogar noch übertreffen. Der eine ist König Bhumibol Adulyadej von Thailand. Seine Herrschaft endete nach sage und schreibe 70 Jahren und 126 Tagen. Der andere ist König Sobhuza II., der unfassbare 82 Jahre auf dem Thron von Swasiland saß. Der entscheidende Unterschied zwischen den beiden und der Queen ist jedoch nicht die Dauer ihrer Herrschaft, sondern vielmehr die Tatsache, dass die beiden Könige nicht mehr unter uns weilen, während Queen Elizabeth II. sich bester Gesundheit erfreut.

Der königliche Wecker

Ihre königliche Majestät Queen Elizabeth II. mag blauen Blutes sein, in einem Schloss leben, über eine Heerschar von Dienern verfügen und auch sonst in Prunk und Luxus schwelgen, wie es ihr beliebt. Letztendlich ist sie aber auch nur ein Mensch und als solcher muss auch sie essen und trinken und braucht genau wie wir alle genug Schlaf, um bei Kräften zu bleiben.

Es gibt da allerdings einen ganz markanten Unterschied zwischen der Art und Weise, wie die Queen ihren Tag beginnt und wie die meisten anderen dies tun. In den königlichen Gemächern steht nämlich kein gewöhnlicher Wecker, der die Queen mit schnödem Alarmgebimmel aus ihren Träumen reißt. Nein, Königin Elizabeth wird von den durchdringend näselnden Klängen eines Dudelsackspielers geweckt, der sich jeden Morgen um 9:00 vor ihrem Fenster einfindet. Vermutlich ist sie zwar schon vorher auf den Beinen, nichtsdestotrotz hält sie an dieser Tradition fest, die auf ihre Ururgroßmutter Queen Victoria zurückgeht.

Als die einstige Königin Englands Mitte des 19. Jahrhunderts mit ihrem Mann Albert zum ersten Mal in die schottischen Highlands reist, ist sie sofort hingerissen von der urtümlichen Dudelsackmusik der Einheimischen. Sie braucht unbedingt auch so einen schottischen Musikanten und da man Ihrer Majestät keinen Wunsch abschlagen kann, wird Angus MacKay 1843 von Königin Victoria zum königlichen Dudelsackspieler ernannt. Anfangs bleiben die königlichen Dudelsackspieler noch für recht lange Zeit in ihrem Amt. William Ross bekleidete den Posten im 19. Jahrhundert fast 40 Jahre lang. Heute wechseln die Musiker häufiger, um ihre militärische Karriere nicht zu behindern. Der aktuelle königliche Dudelsackspieler heißt Scott Methven. Er ist der 16. seit der Begründung dieser Tradition, die seit nunmehr 173 Jahren fortgeführt wird.

Übrigens sehr zum Verdruss von Prinz Philip. Denn er kann Dudelsackmusik nicht ausstehen.

Die Queen bleibt cool

Am 13. Juni 1981 feiert die Queen ihren 55. Geburtstag. Wie jedes Jahr zieht ihr zu Ehren die strahlende *Trooping the Colour*-Parade durch die Londoner Innenstadt. Als Staatsoberhaupt reitet sie damals noch vorneweg und führt die Parade in roter Gardeuniform an. Auf den Pferden hinter ihr folgen ihr Ehemann, der Herzog von Edinburgh, ihr Sohn Charles, Prinz von Wales, und ihr Cousin, der Herzog von Kent.

Tausende von Zuschauern haben sich entlang des festlichen Umzugs eingefunden. Sie haben allen Grund zum Feiern und jubeln und winken der Queen erfreut von ihren Plätzen hinter den Absperrungen zu. Doch scheinbar sind nicht alle gleichermaßen begeistert. Als die Queen auf ihrem Weg vom Buckingham Palace an der Spitze der Waliser Garde gemächlich voranreitet, zerreißen auf einmal Schüsse die Luft.

Plötzlich geht alles ganz schnell. Das Pferd der Queen scheut sofort und droht, angesichts der aufkommenden Panik durchzugehen. Doch die Königin bleibt ganz ruhig – schließlich ist sie eine versierte Reiterin – und bekommt das Tier schnell wieder in den Griff. Während sie noch beruhigend auf ihr Pferd einredet, gelingt es der Londoner Polizei und weiteren Sicherheitskräften, den Schützen mit vereinten Kräften zu überwältigen. Die Schrecksekunde ist überstanden, die Gefahr gebannt und die Parade kann ungestört fortgesetzt werden.

Im Nachhinein wird die Identität des Angreifers bekannt: Marcus Serjeant, ein 17-jähriger Jugendlicher, der sich von den Ermordungen John F. Kennedys und John Lennons animieren lässt und als sein Ziel die Queen ausgemacht hat. Zum Glück hat Serjeant jedoch keine richtige Waffe, sondern nur eine Schreckschusspistole mit Platzpatronen. Gott sei Dank bleibt die Queen während seines versuchten Attentats cool wie Gletschereis. Nicht auszudenken, was alles hätte passieren können, wenn sie ihr Pferd nicht unter Kontrolle gebracht hätte.

So bleibt der Angriff zum Glück ohne weitere Folgen. Außer natürlich für den Schützen, der im Anschluss zu fünf Jahren Gefängnis verurteilt wird, aber bereits nach drei Jahren psychiatrischer Behandlung wieder freikommt.

Der unerwünschte Eindringling

Gerade einmal ein gutes Jahr später hat die Queen erneut die Gelegenheit, ihre königliche Coolness unter Beweis zu stellen. Allerdings nicht auf offener Straße in Anwesenheit zahlloser Polizisten und Sicherheitsleute, sondern diesmal ganz allein in der Stille ihrer Privatgemächer.

Als die Queen nämlich am 9. Juli 1982 in ihrem Schlafzimmer die Augen aufschlägt, ist sie sofort hellwach, da vor ihr ein fremder Mann am Rand ihres Betts kauert.

Wie groß muss ihr Schrecken in diesem Moment sein? Und wie viel größer noch ihre Selbstbeherrschung? Denn die Queen reagiert keineswegs kopflos.

Da sie den Mann nur schwer einschätzen kann, unterdrückt sie den Impuls, nach Hilfe zu schreien oder gar nach dem Telefon zu greifen, um die Polizei zu verständigen. Stattdessen sucht sie das Gespräch mit dem Fremden und unterhält sich geschlagene zehn Minuten mit dem Eindringling, bevor endlich einer ihrer Diener erscheint und den unerwünschten Fremdling schleunigst aus den Gemächern Ihrer Majestät hinausbefördert.

Für die Königin bleibt der Einbruch ohne weitere Folgen. Sie kommt noch einmal mit dem Schrecken davon. Der Eindringling jedoch hat mit ernsten Konsequenzen zu rechnen. In den Buckingham Palace einzubrechen, ist schließlich alles andere als ein Kavaliersdelikt. So wird er zu einem halben Jahr Verwahrung in einer psychiatrischen Klinik verurteilt.

Wie sich herausstellt, war der Einbrecher schon vor dem Einbruch nicht im Vollbesitz seiner geistigen Kräfte. Er heißt Michael Fagan, ist 31 Jahre alt und war schon seit Längerem in psychiatrischer Behandlung. Zutritt zum Palast fand er übrigens dadurch, dass er das Fallrohr einer Regenrinne hinaufkletterte. Denselben Weg hatte er auch schon einige Wochen zuvor genommen, als er zum ersten Mal in den königlichen Palast einstieg und eine Flasche Weißwein aus Prinz Charles' Vorräten stibitzte. Das klingt zwar absurd wie ein schwedischer Schelmenroman, ist aber tatsächlich so passiert. Die peinliche Lücke im Sicherheitsnetz des Buckingham Palace dürfte inzwischen allerdings gestopft worden sein.

Die Doppelgängerin

Die Queen gilt als meistfotografierte und ebenso als bekannteste Frau der Welt. Nichtsdestotrotz kommt es immer mal wieder vor, dass die Menschen sie nicht erkennen. So zum Beispiel in der Nähe ihres Landsitzes Sandringham bei Norfolk.

Die Königin ist gerade in einem Süßwarenladen und wartet darauf, bedient zu werden. Da wird sie auf einmal von einer Kundin angesprochen, die ihr versichert, sie sehe der Queen zum Verwechseln ähnlich. Ihre Majestät reagiert darauf mit trockenem englischen Humor und bedankt sich bei der Dame für ihre Beobachtung mit den Worten: »Das ist sehr beruhigend.«

Eine ähnliche Situation ergibt sich einmal unweit ihres schottischen Landsitzes Balmoral. Diesmal ist es ein amerikanischer Tourist, der nicht erkennt, wer da vor ihm steht. Er hält die Queen wohl für eine x-beliebige einheimische Passantin. Als er ihr auf der Straße über den Weg läuft, fragt der Tourist ganz unverhohlen, ob sie denn der Queen schon einmal persönlich begegnet sei. Die Antwort Ihrer Majestät ist wiederum Gold wert, zeugt sie doch von ganz königlichem

Humor: »Nein«, sagt die Queen. »Aber der Polizist, der da vorn steht.«

Und schon ist sie den neugierigen Touristen los.

Der Gipfel der Verwechslungskomödien ist damit allerdings noch nicht erreicht. Als die Queen nämlich einmal bei dem internationalen Reitturnier *The Royal Horse Show* ganz selbstverständlich die VIP-Tribüne ansteuert, wird sie von einem übereifrigen Sicherheitsmann gestoppt. Da steht die Königin von England vor ihm und er fragt sie nach ihrem Ticket. Das muss man sich einmal vorstellen! Natürlich hat sie keins dabei. Wer weder einen Führerschein noch einen Reisepass benötigt, braucht mit Sicherheit auch keine Eintrittskarten. Peinlicherweise verweigert der Ordner ihr dann aber konsequent den Zutritt zur VIP-Loge.

Als sich später herausstellt, wem er sich da in den Weg gestellt hat, wird er plötzlich ganz kleinlaut und gesteht zerknirscht, dass er die Queen für »ein Mütterchen« hielt, das sich verlaufen hat. Nach dieser kurzen Verzögerung geht dann aber doch alles glatt, der Sicherheitsmann lässt die Queen passieren. Sie nimmt's mit Humor und genießt weiterhin die Spannung des Turniers.

Die königliche Unterhose

Die Queen trägt selbstverständlich keine Kleidung von der Stange. Ihre Kleider sind in aller Regel maßgeschneidert, genauso wie ihre berühmten Hüte, von denen sie jährlich mit etwa 70 neuen Modellen ihr königliches Haupt bedeckt. Ob die englische Königin auch maßgeschneiderte Unterwäsche trägt, ist nicht bekannt.

Für einiges an Spekulation zu diesem Thema sorgt 2012 allerdings ein ungarischer Adliger gewissermaßen aus dem Grab. Baron Joseph »Sepy« de Bicske Dobronyi ist da zwar bereits seit zwei Jahren tot, angeblich sei er aber bereits Ende der Sechzigerjahre in den Besitz einer königlichen Unterhose Ihrer Majestät Queen Elizabeth II. gekommen. Die Queen soll das (getragene) Höschen 1968 in einem Privatjet vergessen haben, woraufhin der Pilot der Maschine es fand und seinem Freund Baron »Sepy« schenkte.

Viele Jahre später, als »Sepy« schon nicht mehr unter uns weilt, taucht die Unterhose dann als Teil der Erbmasse des verstorbenen Barons auf. Der Nachlassverwalter erkennt den unschätzbaren Wert der weißen Unterwäsche und bietet sie prompt bei eBay zum Verkauf an. An den Meistbietenden, versteht sich.

Nun finden sich gewiss jede Menge Sammler königlicher Memorabilien, es gibt nur ein Problem: Die Authentizität des feinen Stücks kann nicht zweifelsfrei nachgewiesen werden. Zwar befindet sich auf der Unterhose eine Stickerei der königlichen Krone sowie des Buchstabens *E*, da die Echtheit aber weder aus dem Buckingham Palace noch vonseiten des königlichen Schneiders bestätigt wird, bleibt fraglich, ob es sich bei dem Stück tatsächlich um die königliche Unterwäsche Ihrer Majestät handelt.

Versteigert wird das Unikum nichtsdestotrotz und geht für unglaubliche 18.101 US-Dollar (17.134 Euro) über den virtuellen Auktionstisch. Sollte die Queen also jemals in Geldnot geraten, könnte sie einfach einen Teil ihrer Unterwäsche versteigern und wäre im Handumdrehen wieder liquide.

Der ungezogene Diener

So niedlich und knuddelig die Corgis der Queen auch aussehen mögen, haben sie es doch faustdick hinter den Ohren. So sollen sie ihr Frauchen einmal so heftig gebissen haben, dass es an der Hand genäht werden musste. Außerdem sind einige von ihnen – sehr zum Unmut der königlichen Dienerschar – nicht ganz stubenrein. Aus diesem Grund haben die Hausangestellten der Queen auch stets ein Sprühfläschchen Wasser zur Hand, um eventuelle unliebsame Hinterlassenschaften der Vierbeiner schnellstmöglich zu beseitigen.

Gut möglich, dass der eine oder andere Bedienstete Ihrer Majestät deswegen einen latenten Groll gegen die tapsigen Hundchen hegt. Ob Matthew King, einer der beiden persönlichen Diener der Königin, nun tatsächlich etwas gegen die Vierbeiner hat oder ob er sich einfach nur ein wenig auf deren Kosten amüsieren will, ist nicht zweifelsfrei nachgewiesen. Fakt ist jedoch, dass King die Corgis zur allgemeinen Belustigung des Personals mit Gin und Whiskey abfüllt, wenn die Queen gerade einmal nicht da ist.

Peinlicherweise kommt dieser alles andere als tierliebe Streich Ende der Neunzigerjahre bei der Obduktion des Corgis Phoenix ans Tageslicht. Als bei der routinemäßigen Autopsie Spuren von Alkohol in Phoenix' Blut nachgewiesen werden, ist die Queen verständlicherweise überhaupt nicht *amused*.

Matthew King wird schnell entlarvt und umgehend zur Rechenschaft gezogen. Wie sich herausstellt, beschränkte sich Kings dreister Spaß nicht nur auf Phoenix. Nein, er soll auch den Corgis Pharos, Kelpe, Emma und Swift sowie den Dorgis Berry, Harris, Brandy und Cider immer mal wieder Schnaps in den königlichen Napf eingeschenkt haben.

Dementsprechend heftig trifft ihn auch der Zorn der Queen. Sie degradiert King zum einfachen Diener und verdonnert ihn obendrein zu einer Geldstrafe von 3500 Pfund. King habe sich zwar bloß einen Spaß erlauben wollen, bringt er zu seiner Verteidigung vor. Aber wenn es um ihre geliebten Hunde geht, ist die Königin beileibe nicht zu Scherzen aufgelegt. Und so kann King froh sein, lediglich degradiert worden zu sein. Für so einen Affront hätte ihn die Queen auch ohne Weiteres vor die Tür setzen können.

Der Kuchen der Königin

Der Hochzeitskuchen Ihrer Majestät muss in der Tat etwas ganz Besonderes gewesen sein. An sich wäre es ja nichts Ungewöhnliches, dass man die übrig gebliebenen Tortenstücke nach dem Hochzeitsfest von Prinzessin Elizabeth und Prinz Philip tiefgefriert. Dass die Tortenreste allerdings gleich 66 Jahre gewissermaßen im Dornröschenschlaf verbringen, ehe sie wieder aufgetaut werden, ist hingegen nicht ganz alltäglich. Dass dann sogar noch ein Stück im Internet versteigert wird, macht das Kuriosum schließlich perfekt.

Dabei sollte man meinen, nach so langer Zeit könnten höchstens noch Krümel aus der Tiefkühltruhe geborgen werden. Doch das Küchenpersonal des Buckingham Palace versteht anscheinend sein Handwerk und so kommt am 5. September 2013 im Londoner Auktionshaus *Christie's* tatsächlich ein – zumindest optisch – perfekt erhaltenes Stück der königlichen Hochzeitstorte aus dem Jahr 1947 unter den Hammer.

Sicher wundern sich nun viele und fragen sich, wer so etwas kaufen möchte. Doch genau wie für die angeblich königliche Unterhose aus dem Besitz des Barons »Sepy« findet sich auch für den königlichen Kuchen ein Käufer. Und im Fall der Hochzeitstorte ist die Echtheit immerhin von offizieller Seite bestätigt. Übrigens soll das Tortenstück unter anderem auch deshalb so gut erhalten sein, weil es einst mit einer ordentlichen Portion Rum und Brandy gebacken wurde. Es ist also eine Kombination aus Tiefkühlschlaf und der konservierenden Wirkung des Alkohols, die der Torte ein solch langes Leben bescherte. Trotzdem wurde dem Käufer vom Verzehr des Kuchens abgeraten.

Was den endgültigen Auktionspreis angeht, gehen die Angaben leider auseinander. Einmal ist von 710 Euro die Rede, ein anderes Mal wird der Preis auf 1395 Euro beziffert und ein drittes Mal gleich auf 2000 Euro. Wie viel der anonyme Käufer auch immer bezahlt haben mag, letzten Endes geht es hier nicht um den Preis und auch nicht wirklich um ein Stück Kuchen, sondern vielmehr um ein Stück Geschichte. Und so ein Stück Geschichte ist gerade im traditionsbewussten England so gut wie unbezahlbar.

Der alberne Prinz

Die Queen und der Herzog von Edinburgh sind ohne Zweifel eines der ganz besonderen Liebespaare unserer Zeit. Seit beinahe 70 Jahren sind sie nun schon miteinander verheiratet – eine Zeit, in der manch andere gleich drei, vier, fünf und noch mehr Ehen schließen. Doch wie bereits erwähnt, steht das englische Königspaar für Konstanz und Kontinuität – gerade in der schnelllebigen heutigen Zeit.

Dabei wäre es weit gefehlt, anzunehmen, die beiden lebten tagein, tagaus in nicht enden wollender Liebe und Harmonie. Im Gegenteil: Auch in den königlichen Gemächern des Buckingham Palace kracht es bisweilen. Bei ihrer ersten gemeinsamen Australienreise sollen sich die beiden einmal so gestritten haben, dass die Queen ihrem Philip sogar einen Tennisschläger hinterherschleuderte.

Diese besondere Form der Liebesbekundung ist kein Einzelfall und auch keineswegs eine rein weibliche Handlungsform. So soll Prinz Philip, wenn er in Zorn gerät, seine Frau genauso anschreien wie jeden anderen auch. Die Queen unterbricht ihren Gatten harsch mit einem entschiedenen »shut up«, wenn er wieder einmal Unsinn redet.

Gerüchte besagen sogar, dass das Geheimnis des englischen Königspaars in der Trennung liege, denn den Großteil ihrer Zeit verbringen die beiden ohne einander. Vielleicht liegt das aber auch an dem Zeitmangel, den vor allem die Queen als englisches Staatsoberhaupt durch ihren randvoll gepackten Terminkalender hat.

Genauso wie die beiden miteinander streiten, lachen sie aber auch nach 69 Jahren Ehe noch immer gemeinsam. Dabei entpuppt sich vor allem Prinz Philip immer wieder als richtiger Scherzbold. So soll er seiner Elizabeth beim gemeinsamen Frühstück schon quietschende Plastikbrötchen oder auch ein künstliches Gebiss auf den Teller gelegt haben. Wohlgemerkt, sehr zur Freude seiner Königin, die sich stets aufs Höchste amüsiert, wenn ihr Prinz wieder einmal einen seiner Späße macht.

Ganz toll sind übrigens auch Philips Spitznamen für die Queen. Er nennt sie scherzhaft (und nicht gerade schmeichelhaft) *sausage* oder *cabbage* – also Würstchen oder Kohlkopf.

Ob das Geheimnis der beiden nun in der Trennung, den Scherzen von Prinz Philip oder auch in einer Mischung aus beidem liegt – das Königspaar ist der lebende Beweis dafür, dass die Ehe auch nach vielen Jahrzehnten noch genauso schön sein kann wie am ersten Tag.

Abschließend bleibt nur noch eins zu sagen: Mögen die beiden noch viele Jahre gemeinsam glücklich sein und natürlich: God save the Queen!

Quellennachweis

Vorwort

Zitate von und über Königin Elizabeth; *https://www.tagesschau.de/multimedia/bilder/elizabeth-147.html*; aufgerufen am: 12.12.2016

Romy Stiegler: Queen Elizabeth II. Wie eine Comedy-Show: Ihre privaten Anekdoten; *http://www.bunte.de/grossbritannien/queen-elizabeth-ii-wie-eine-comedy-show-ihre-privaten-anekdoten-192621.html*; Stand: 22.11.2015; aufgerufen am: 09.12.2016

Queen Elizabeth; *http://www.gala.de/stars/starportraets/queen-elizabeth_1026779.html*; aufgerufen am: 09.12.2016

The Diamond Queen Elizabeth II BBC documentary; *https://www.youtube.com/watch?v=ijQzmYISWno*; Stand: 11.04.2016; aufgerufen am: 09.12.2016

Eine glückliche Kindheit

Emma Mason: The young Elizabeth II: life before she was Queen; *http://www.historyextra.com/article/bbc-history-magazine/elizabeth-ii-childhood-life-before-queen*; Stand: 03.11.2016; aufgerufen am: 05.12.2016

Kriegszeiten

Emma Mason: The young Elizabeth II: life before she was Queen; *http://www.historyextra.com/article/bbc-history-magazine/elizabeth-ii-childhood-life-before-queen*; Stand: 03.11.2016; aufgerufen am: 05.12.2016

Die Queen bei den Hilfstruppen

Emma Mason: The young Elizabeth II: life before she was Queen; *http://www.historyextra.com/article/bbc-history-magazine/elizabeth-ii-childhood-life-before-queen*; Stand: 03.11.2016; aufgerufen am: 05.12.2016

War Office – HM Queen Elizabeth II (b. 1926) when Princess Elizabeth trains as an A.T.S. Officer at a Training Centre in Camberley, Surrey; *https://www.royalcollection.org.uk/collection/2002230/hm-queen-elizabeth-ii-b-1926-when-princess-elizabeth-trains-as-an-a-t-s-officer*; aufgerufen am: 05.12.2016

Chris Wild: Elizabeth in the Army; *http://mashable.com/2015/04/22/queen-elizabeth-army/#rLfBsebM5kq8*; aufgerufen am: 05.12.2016

Das königliche Hochzeitskleid

Anoosh Chakelian: 86 Surprising Facts About Queen Elizabeth II;
http://content.time.com/time/specials/packages/article/0,28804,2114386_2114388_2115566,00.html; Stand: 23.05.2012; aufgerufen am: 05.12.2016

Elizabeth II's Wedding; *http://www.bbc.co.uk/history/events/elizabeth_iis_wedding*; aufgerufen am: 05.12.2016

Victoria Murphy; 60 amazing facts you never knew about the Queen;
http://www.mirror.co.uk/news/uk-news/60-amazing-queen-facts-you-661023; Stand: 01.02.2012; aufgerufen am: 05.12.2016

Emma Mason: The young Elizabeth II: life before she was Queen;
http://www.historyextra.com/article/bbc-history-magazine/elizabeth-ii-childhood-life-before-queen; Stand: 03.11.2016; aufgerufen am: 05.12.2016

Jennie Cohen: 8 Things You May Not Know About The Queen;
http://www.history.com/news/8-things-you-may-not-know-about-queen-elizabeth-ii; Stand: 01.06.2012; aufgerufen am: 05.12.2016

2.000 Euro für ein Stück Hochzeitstorte; *http://www.bunte.de/vermischtes/queen-elizabeth-ii-2000-euro-fuer-ein-stueck-hochzeitstorte-52879.html*; Stand: 12.09.2013; aufgerufen am: 05.12.2016

Plötzlich Königin

The Diamond Queen Episode 1; *https://www.youtube.com/watch?v=GftNJYWbne8*; Stand: 21.03.2016; aufgerufen am: 06.12.2016

The Diamond Queen Episode 3; *https://www.youtube.com/watch?v=GStuvZPK-eE*; Stand: 21.03.2016; aufgerufen am: 06.12.2016

Emma Mason: The young Elizabeth II: life before she was Queen;
http://www.historyextra.com/article/bbc-history-magazine/elizabeth-ii-childhood-life-before-queen; Stand: 03.11.2016; aufgerufen am: 06.12.2016

Der falsche Geburtstag

Jennie Cohen: 8 Things You May Not Know About The Queen;
http://www.history.com/news/8-things-you-may-not-know-about-queen-elizabeth-ii; Stand: 01.06.2012; aufgerufen am: 06.12.2016

The Queen's Birthday; *https://www.royal.uk/queens-birthday*; aufgerufen am: 06.12.2016

Trooping the Colour; *https://de.wikipedia.org/wiki/Trooping_the_Colour*; Stand: 12.06.2016; aufgerufen am: 06.12.2016

Königliche Geschenke

Anoosh Chakelian: 86 Surprising Facts About Queen Elizabeth II; *http://content.time.com/time/specials/packages/article/0,28804,2114386_2114388_2115566,00.html*; Stand: 23.05.2012; aufgerufen am: 06.12.2016

Emma Mason: 12 surprising facts about Queen Elizabeth II; *http://www.historyextra.com/article/people-history/12-surprising-facts-about-queen-elizabeth-ii*; Stand: 08.09.2015; aufgerufen am: 06.12.2016

Francesca Richter: Die 90 skurrilsten Fakten zum 90. Geburtstag der Queen; *https://www.welt.de/vermischtes/article154583673/Die-90-skurrilsten-Fakten-zum-90-Geburtstag-der-Queen.html*; Stand: 20.04.2016; aufgerufen am: 06.12.2016

Königliche Privilegien

The Queen at 90: Nine fun facts about Queen Elizabeth II; *http://www.theweek.co.uk/71847/the-queen-at-90-nine-fun-facts-about-elizabeth-ii*; Stand: 21.04.2016; aufgerufen am: 06.12.2016

Rob Price: The weirdest powers of the Queen (von Rob Price); *http://uk.businessinsider.com/weirdest-powers-queen-elizabeth-ii-british-sovereign-prerogative-swans-dolphins-2015-5?IR=T*; Stand: 19.05.2015; aufgerufen am: 06.12.2016

John Rabon: HM The Queen: 10 Interesting Facts about Queen Elizabeth II You Might Not Know; *http://www.anglotopia.net/british-history/ten-interesting-facts-queen-elizabeth-ii-might-not-know/*; Stand: 24.06.2015; aufgerufen am: 06.12.2016

Jennie Cohen: 8 Things You May Not Know About The Queen; *http://www.history.com/news/8-things-you-may-not-know-about-queen-elizabeth-ii*; Stand: 01.06.2012; aufgerufen am: 06.12.2016

Die Queen und König Abdullah

Rob Price: The weirdest powers of the Queen; *http://uk.businessinsider.com/weirdest-powers-queen-elizabeth-ii-british-sovereign-prerogative-swans-dolphins-2015-5?IR=T*; Stand: 19.05.2015; aufgerufen am: 06.12.2016

Die königliche E-Mail

The Queen at 90: Nine fun facts about Queen Elizabeth II; *http://www.theweek.co.uk/71847/the-queen-at-90-nine-fun-facts-about-elizabeth-ii*; Stand: 21.04.2016; aufgerufen am: 07.12.2016

John Rabon: HM The Queen: 10 Interesting Facts about Queen Elizabeth II You Might Not Know (von John Rabon); *http://www.anglotopia.net/british-history/ten-interesting-facts-queen-elizabeth-ii-might-not-know/*; Stand: 24.06.2015; aufgerufen am: 07.12.2016

Anja Francesca Richter: Die 90 skurrilsten Fakten zum 90. Geburtstag der Queen; *https://www.welt.de/vermischtes/article154583673/Die-90-skurrilsten-Fakten-zum-90-Geburtstag-der-Queen.html*; Stand: 20.04.2016; aufgerufen am: 07.12.2016

Chris Tyde: 47 things you might not know about the Queen as she becomes Britain's longest serving monarch; *http://www.walesonline.co.uk/lifestyle/47-things-you-might-not-9999280*; Stand: 06.09.2015; aufgerufen am: 07.12.2016

Die Schwäne der Königin

Swan Upping; *https://www.royal.uk/swan-upping*; aufgerufen am: 04.12.2016

Schwäne zählen für die Queen; *http://www.faz.net/aktuell/gesellschaft/grossbritannien-schwaene-zaehlen-fuer-die-queen-13056785.html*; Stand: 21.07.2014; aufgerufen am: 04.12.2016

Die Queen und die Störe

The Queen at 90: Nine fun facts about Queen Elizabeth II; *http://www.theweek.co.uk/71847/the-queen-at-90-nine-fun-facts-about-elizabeth-ii*; Stand: 21.04.2016; aufgerufen am: 04.12.2016

Rob Price: The weirdest powers of the Queen; *http://uk.businessinsider.com/weirdest-powers-queen-elizabeth-ii-british-sovereign-prerogative-swans-dolphins-2015-5?IR=T*; Stand: 19.05.2015; aufgerufen am: 04.12.2016

Royal Fish; *https://en.wikipedia.org/wiki/Royal_fish*; Stand: 02.12.2016; aufgerufen am: 04.12.2016

Auf den Hund gekommen

Ryan Wilkinson: Queen's Corgis are fed steak on silver platters by a butler, royal animal psychologist reveals; *http://www.independent.co.uk/news/people/queens-corgis-are-fed-steak-on-silver-platters-by-a-butler-royal-animal-psychologist-reveals-a6888551.html*; Stand: 22.02.2016; aufgerufen am: 04.12.2016

Sam Hayson: 7 things you probably didn't know about the Queen's corgis; *http://mashable.com/2015/09/05/queen-elizabeth-ii-corgi-facts/#rLfBsebM5kq8*; Stand: 05.09.2015; aufgerufen am: 04.12.2016

Emma Mason: 12 surprising facts about Queen Elizabeth II;
http://www.historyextra.com/article/people-history/12-surprising-facts-about-queen-elizabeth-ii; Stand: 08.09.2015; aufgerufen am: 04.12.2016

One Of Queen Elizabeth's Beloved Corgis Has Died;
http://www.vanityfair.com/style/2016/10/queen-elizabeth-corgi-holly-has-died; Stand: 08.10.2016; aufgerufen am: 04.12.2016

Königlicher Rennsport

Anoosh Chakelian: 86 Surprising Facts About Queen Elizabeth II;
http://content.time.com/time/specials/packages/article/0,28804,2114386_2114388_2115566,00.html; Stand: 23.05.2012; aufgerufen am: 05.12.2016

The Royal Stud At Sandringham; *https://www.sandringhamestate.co.uk/sandringham-estate/stud/*; aufgerufen am: 05.12.2016

33 fun facts as Queen Elizabeth overtakes Queen Victoria, in pictures;
http://www.telegraph.co.uk/news/2016/03/16/33-fun-facts-as-queen-elizabeth-ii-overtakes-queen-victoria-in-p/; Stand: 09.09.2015;
aufgerufen am: 05.12.2016

PAU; *http://www.welshnational.co.uk/pau.html*; aufgerufen am: 05.12.2016

Die Kronjuwelen

Anoosh Chakelian: 86 Surprising Facts About Queen Elizabeth II;
http://content.time.com/time/specials/packages/article/0,28804,2114386_2114388_2115566,00.html; Stand: 23.05.2012; aufgerufen am: 07.12.2016

The World's 15 Biggest Landowners; *http://www.businessinsider.com/worlds-biggest-landowners-2011-3?IR=T#1-queen-elizabeth-ii-15*; aufgerufen am:
07.12.2016

The Crown Jewels; *http://www.hrp.org.uk/tower-of-london/visit-us/top-things-to-see-and-do/the-crown-jewels/visiting-the-crown-jewels/the-crown-jewels/#gs.mv_qIRY*; aufgerufen am: 07.12.2016

Crowns; *https://royalexhibitions.co.uk/crown-jewels-2/royal-regalia/*;
aufgerufen am: 07.12.2016

Shakespeare, William, Historien, König Heinrich IV., zweiter Teil, dritter Auf-
zug, erste Szene; *http://www.zeno.org/Literatur/M/Shakespeare,+William/Historien/K%C3%B6nig+Heinrich+IV.+Zweiter+Teil/Dritter+Aufzug/Erste+Szene*; aufgerufen am: 07.12.2016

Das Bildnis der Königin Elizabeth

Anoosh Chakelian: 86 Surprising Facts About Queen Elizabeth II; *http://content.time.com/time/specials/packages/article/0,28804,2114386_2114388_2115566,00.html*; Stand: 23.05.2012; aufgerufen am: 07.12.2016

Anja Francesca Richter: Die 90 skurrilsten Fakten zum 90. Geburtstag der Queen; *https://www.welt.de/vermischtes/article154583673/Die-90-skurrilsten-Fakten-zum-90-Geburtstag-der-Queen.html*; Stand: 20.04.2016; aufgerufen am: 07.12.2016

Die wächserne Königin

Waxworks of the Queen – a picture timeline; *https://www.theguardian.com/uk/gallery/2012/may/14/waxworks-queen-tussauds-picture-timeline*; Stand: 14.05.2012; aufgerufen am: 07.12.2016

Madame Tussauds London; *https://www.madametussauds.com/london/en/whats-inside/royals/queen-elizabeth-ii/*; aufgerufen am: 07.12.2016

Eine königliche Photobomb

33 fun facts as Queen Elizabeth overtakes Queen Victoria, in pictures; *http://www.telegraph.co.uk/news/2016/03/16/33-fun-facts-as-queen-elizabeth-ii-overtakes-queen-victoria-in-p/*; Stand: 09.09.2015; aufgerufen am: 07.12.2016

Royale Photobomb, Hier platzt die Queen mitten in ein Selfie; *http://www.rp-online.de/panorama/adel/hier-platzt-die-queen-mitten-in-ein-selfie-aid-1.4409467*; Stand: 25.06.2014; aufgerufen am: 07.12.2016

Die Queen auf dem Mond

Heidi Blake: Apollo 11 Moon Landing: messages of peace from world leaders left on the moon; *http://www.telegraph.co.uk/news/science/space/5844543/Apollo-11-Moon-landing-messages-of-peace-from-world-leaders-left-on-Moon.html*; Stand: 19.07.2009; aufgerufen am: 08.12.2016

Robert Z. Pearlman: The Untold Story: How One Small Disk Carried One Giant Message for Mankind; *http://www.space.com/4655-untold-story-small-disc-carried-giant-message-mankind.html*; Stand: 16.11.2007; aufgerufen am: 08.12.2016

Der rote Koffer

Emma Mason: 12 surprising facts about Queen Elizabeth II;
http://www.historyextra.com/article/people-history/12-surprising-facts-about-queen-elizabeth-ii; Stand: 08.09.2015; aufgerufen am: 08.12.2016

BBC The Diamond Queen Episode 1; *https://www.youtube.com/watch?v=-HgweMOYZRZs*; Stand: 09.07.2012; aufgerufen am: 08.12.2016

Die Queen und die Seefahrt

Emma Mason: 12 surprising facts about Queen Elizabeth II;
http://www.historyextra.com/article/people-history/12-surprising-facts-about-queen-elizabeth-ii; Stand: 08.09.2016; aufgerufen am: 08.12.2016

The diamond Queen Elizabeth II BBC documentary; *https://www.youtube.com/watch?v=ijQzmYISWno*; Stand: 11.04.2016; aufgerufen am: 08.12.2016

Die Rekordkönigin

Daniel Rosney: The other records Queen Elizabeth II has broken;
http://www.bbc.co.uk/newsbeat/article/34051576/the-other-records-queen-elizabeth-ii-has-broken; Stand: 09.09.2015; aufgerufen am: 09.12.2016

Queen Elizabeth II turns 90: Did you know she's a record breaker?;
http://kids.guinnessworldrecords.com/stories/queen-elizabeth-II-turns-90-did-you-know-shes-a-record-breaker; Stand: 21.04.2016; aufgerufen am: 09.12.2016

Arika Okrent: 15 International Banknotes That Show Queen Elizabeth's Aging Process; *http://mentalfloss.com/article/52759/15-international-banknotes-show-queen-elizabeth%E2%80%99s-aging-process*; Stand: 18.09.2013; aufgerufen am: 09.12.2016

Bhumibol Adulyadej; *https://en.wikipedia.org/wiki/Bhumibol_Adulyadej*;
Stand: 07.12.2016; aufgerufen am: 09.12.2016

33 fun facts as Queen Elizabeth overtakes Queen Victoria, in pictures;
http://www.telegraph.co.uk/news/2016/03/16/33-fun-facts-as-queen-elizabeth-ii-overtakes-queen-victoria-in-p/; Stand: 09.09.2015; aufgerufen am: 09.12.2016

Weiyi Cai: Every country that featured Queen Elizabeth II on its currency –
and when; *https://www.washingtonpost.com/news/wonk/wp/2015/09/09/every-country-that-featured-queen-elizabeth-ii-on-its-currency-and-when/?utm_term=.05e6416e66f9*; Stand: 09.09.2015; aufgerufen am:
09.12.2016

Der königliche Wecker

Five Things You Never Knew About The Queen; *http://www.gem106.co.uk/five-things-you-never-knew-about-the-queen/*; aufgerufen am: 09.12.2016

Chris Tyde: 47 things you might not know about the Queen as she becomes Britain's longest serving monarch; *http://www.walesonline.co.uk/lifestyle/47-things-you-might-not-9999280*; Stand: 06.09.2015; aufgerufen am: 09.12.2016

Amy Oliver: Hunt for the next Queen's piper as Army Major stands down (but after listening to the bagpipes every morning, will Her Majesty want a new one?); *http://www.dailymail.co.uk/news/article-2191056/Hunt-Queens-piper-Army-Major-stands-listening-bagpipes-day-Her-Majesty-want-new-one.html*; Stand: 21.08.2012; aufgerufen am: 09.12.2016

Piper to the Sovereign; *https://en.wikipedia.org/wiki/Piper_to_the_Sovereign*; Stand: 21.10.2016; aufgerufen am: 09.12.2016

Die Queen bleibt cool

Jennie Cohen: 8 Things You May Not Know About The Queen; *http://www.history.com/news/8-things-you-may-not-know-about-queen-elizabeth-ii*; Stand: 01.06.2012; aufgerufen am: 09.12.2016

BBC Documentaries 2016 – Elizabeth at 90 A Family Tribute; *https://www.youtube.com/watch?v=XZePc4DO1lg*; Stand: 15.08.2016; aufgerufen am: 09.12.2016

1981: Queen shot at by youth; *http://news.bbc.co.uk/onthisday/hi/dates/stories/june/13/newsid_2512000/2512333.st*; aufgerufen am: 09.12.2016

Der unerwünschte Eindringling

Jennie Cohen: 8 Things You May Not Know About The Queen; *http://www.history.com/news/8-things-you-may-not-know-about-queen-elizabeth-ii*; Stand: 01.06.2012; aufgerufen am: 09.12.2016

Die Doppelgängerin

Chris Tyde: 47 things you might not know about the Queen as she becomes Britain's longest serving monarch; *http://www.walesonline.co.uk/lifestyle/47-things-you-might-not-9999280*; Stand: 06.09.2015; aufgerufen am: 09.12.2016

Anja Francesca Richter: Die 90 skurrilsten Fakten zum 90. Geburtstag der Queen; *https://www.welt.de/vermischtes/article154583673/Die-90-skurrilsten-Fakten-zum-90-Geburtstag-der-Queen.html*; Stand: 20.04.2016; aufgerufen am: 09.12.2016

Queen Elizabeth II. 63 Fakten zum Feiern; *http://www.gala.de/royals/briten/queen-elizabeth-ii-63-fakten-zum-feiern_1307302.html*; Stand: 09.09.2015; aufgerufen am: 09.12.2016

Romy Stiegler: Queen Elizabeth II. Wie eine Comedy-Show: Ihre privaten Anekdoten; *http://www.bunte.de/grossbritannien/queen-elizabeth-ii-wie-eine-comedy-show-ihre-privaten-anekdoten-192621.html*; Stand: 22.11.2015; aufgerufen am: 09.12.2016

Die königliche Unterhose

Anja Francesca Richter: Die 90 skurrilsten Fakten zum 90. Geburtstag der Queen; *https://www.welt.de/vermischtes/article154583673/Die-90-skurrilsten-Fakten-zum-90-Geburtstag-der-Queen.html*; Stand: 20.04.2016; aufgerufen am: 12.12.2016

Aylin Zafar: Queen Elizabeth II's Underwear For Sale On eBay; *http://newsfeed.time.com/2012/05/17/queen-elizabeth-iis-underwear-for-sale-on-ebay/*; Stand: 17.05.2012; aufgerufen am: 12.12.2106

Chris Greenhough: Queen Elizabeth II's Panties bought for $18,000; *http://www.inquisitr.com/242003/queen-elizabeth-iis-underwear-bought-for-18000/*; Stand: 24.05.2012; aufgerufen am: 12.12.2016

Der ungezogene Diener

Anja Francesca Richter: Die 90 skurrilsten Fakten zum 90. Geburtstag der Queen; *https://www.welt.de/vermischtes/article154583673/Die-90-skurrilsten-Fakten-zum-90-Geburtstag-der-Queen.html*; Stand: 20.04.2016; aufgerufen am: 12.12.2016

Chris Tyde: 47 things you might not know about the Queen as she becomes Britain's longest serving monarch; *http://www.walesonline.co.uk/lifestyle/47-things-you-might-not-9999280*; Stand: 06.09.2015; aufgerufen am: 12.12.2016

Tracy Connor: Buckingham Booze Hounds – Queen bites aides who got Corgis drunk; *http://nypost.com/1999/07/22/buckingham-booze-hounds-queen-bites-aide-who-got-corgis-drunk/*; Stand: 22.07.1999; aufgerufen am: 12.12.2016

Footman in the doghouse; *http://news.bbc.co.uk/2/hi/uk_news/399925.stm*; Stand: 21.07.1999; aufgerufen am: 12.12.2016

Der Kuchen der Königin

Romy Stiegler: 15 witzige Fakten, die Sie noch nicht kannten;
   *http://www.bunte.de/grossbritannien/queen-elizabeth-15-witzige-fakten-
   die-sie-noch-nicht-kannten-146361.html*; Stand: 09.09.2015; aufgerufen
   am: 12.12.2016

66 Jahre alte Hochzeitstorte der Queen wird versteigert;
   *http://www.focus.de/kultur/vermischtes/queen-elisabeth-ii-66-jahre-
   alte-hochzeitstorte-der-queen-wird-versteigert_aid_1048646.html*;
   Stand: 19.07.2013; aufgerufen am: 12.12.2016

2.000 Euro für ein Stück Hochzeitstorte; *http://www.bunte.de/vermischtes/
   queen-elizabeth-ii-2000-euro-fuer-ein-stueck-hochzeitstorte-52879.html*;
   Stand: 12.09.2013; aufgerufen am: 12.12.2016

Anja Francesca Richter: Die 90 skurrilsten Fakten zum 90. Geburtstag der
   Queen; *https://www.welt.de/vermischtes/article154583673/Die-90-
   skurrilsten-Fakten-zum-90-Geburtstag-der-Queen.html*; Stand: 20.04.2016;
   aufgerufen am: 12.12.2016

Der alberne Prinz

Cornflakes aus der Tupperdose; *http://www.sueddeutsche.de/leben/
   jahre-elisabeth-ii-cornflakes-aus-der-tupperdose-1.1080970-5*;
   Stand: 21.04.2011; aufgerufen am: 12.12.2016

Five Things You Never Knew About The Queen; *http://www.gem106.co.uk/
   five-things-you-never-knew-about-the-queen/*; aufgerufen am: 12.12.2016